島津家の内願と大奥

――「風のしるへ」翻刻――

畑 尚子 著

同成社

はじめに

本書は「風のしるへ」の解題と翻刻から成る二部構成となっている。この興味深い史料の内容をより多くの人々に知ってもらうとともに、史料として広く研究者に活用していただくことを目的として執筆した。

「風のしるへ」とは旗本森山家の女性りさが自分が書いた記録に自ら付けた題名である。この穏やかな題名とは程遠い政治の裏側の様々な駆け引きを、りさは毒舌を交えながら述べている。「風のしるへ」はりさが江戸城大奥と薩摩藩島津家との間の架け橋となり、手紙など情報のやり取りの仲介役として働いた具体的内容を記したものである。この仲介役をりさは「閑道取次」「糸引き」と表現している。かん道は抜け道、わき道という意味と考えられ、それならば間道の方が適切と思われるが、りさが閑の字を使用しているので、本書でも閑道と記載する。

この仕事をりさに依頼したのが、一一代将軍徳川家斉の正室（御台所）寔子《ただこ》（茂姫・広大院）である。将軍の御台所は三代家光以降、京都の天皇家や宮家、五摂家から迎える習わしとなっていたが、寔子は諸事情により大名である島津家から御台所となった。その立場は当初不安定なものであったが、次第に御台所としての権威を高めていった寔子は、実家島津家の力になりたいという気持ちを実現に移した。島津家やその一族の家格向上や財政支援、縁組などがその対象となった。

大奥を交渉先として頼る行為は広く見受けられるが、御台所が関与し特定のルートを築き上げ恒常的に交渉の窓口を設けたのは、江戸時代を通じて唯一この時のみで、「風のしるへ」の世界は別には存在しない。そしてこの世界の主人公はりさと寔子の二人と捉えることができる。この記録は天保十二年（一八四一）二月に脱稿されており、記載内容は寛政四年（一七九二）から天保十一年の範囲にほぼ収められる。

りさは旗本森山孝盛の娘で、婿を取り森山家を支えた。江戸時代には女性を姓名で記すことはほとんどない。書状などに自分の名前を署名する時も名のみ記すのが習わしで、「風のしるへ」にも「利佐子」と書かれている。女性は嫁いでも婚家の苗字で呼ばれることはなく、実家の苗字を冠して呼ばれるのが一般的である。女性の名前に付けられる「子」は諱に用いられるもので、高貴な女性は通称と諱を別々にもつが、武家の女性などは実名に時々子を付ける行為を自らしている。

江戸時代の人は複数の名前をもっており、いつの時期のなんという呼び名を取るかは後世の研究者等の作為に因るものである。ここで気を付けないとその呼び名が定着し独り歩きしてしまうことである。今まで、多くの江戸時代の女性が実家か婚家どちらかの苗字を冠して姓名で呼ばれその名前が定着してしまった。

そこで「風のしるへ」の著者を何と呼ぶかであるが、まず名前は、幼児期に二度改名しているが、「りさ」からは改名していない。漢字はくずせば平仮名になることから当て字であり、「りさ」で落ち着く。りさは森山家に生まれ、嫁ぐことなく養子をとり、森山家の墓所宗参寺に埋葬された。しかも、島津家が作成した記録の宛名に息子森山与一郎とともに「森山於りさ」と記された。これは、女性が姓名で記された稀有な例である。「於」は尊称であるからこれを除き、「森山りさ」としたい。

目次

第Ⅰ部　内願と大奥

第一章　森山家と武家奉公

一　旗本森山家

「凮のしるへ」の執筆者はりさという女性である。りさは知行三〇〇石と切米一〇〇俵を家禄とする旗本森山家の娘で、森山家の知行地は上総国武射群のうち木戸村・下横地村・松谷村の三ヶ村である。その父森山源五郎孝盛は「蜑の焼藻の記」「賤のをだ巻」「公務愚案」「御加役代々記」などの著作、「自家年譜」と呼ばれる日記を記したことで知られている。

森山氏は近江国守山の出身で、信州佐久郡に移り森山と号し、初代俊盛は武田信玄・勝頼に仕えたのち、織田信忠に仕え、その後徳川家康の家臣となる。孝盛は七代目盛芳《もりとお》の息子として元文三年（一七三八）に生まれた。その母は一〇〇〇石の旗本諏訪伊織頼安の娘で、教育熱心で幼少期の孝盛に四書五経など漢籍や軍談を読み聞かせ、学問を身に着けさせた。

父盛芳は五代盛照の次男で、兄である六代盛寿の養子となり当主の座に就いた。孝盛は盛芳が晩年に出来た男子であったため、森山家の家督は一旦盛芳の甥盛明《もりあきら》（依田彦左衛門信行妻で盛芳の姉妹の子）が相続した。明和四年（一七六七）に孝盛は養方兄の盛明の養子となり、同八年に三十四歳で家督を継いだ。孝盛は安永二年（一七七三）に番入りを果たし大番士となる。幕府の職制は番方（武役）と役方（文官）に分かれる。番方は大番・書院番・小姓組・新番・小十人の五番があり、五番に入ることを番入りといい、就職することを意味する。二条城への在番など無難にこなすかたわら、文武に秀でていた孝盛は江戸城などにおける乗馬や弓道（大的）の上覧にも積極的に参加する。森山家は番士の家柄であるのでこれ以上の出世を望む必要はなかったが、己の才能を活かしたいと思った孝盛は、田沼時代に猟官運動を重ね、天明四年（一七八四）に小普請組頭に任命される。しかし、猟官運動に多額の金銭を使ったことにより、手元に借金が残ってしまった。

　松平定信が老中に就任にしたことにより孝盛の人生は好転する。時勢を論じた意見書を上申し、定信の屋敷にも招かれ親しく言葉を交わす機会に恵まれた後、寛政二年（一七九〇）に御徒頭に就任、同三年には目付となり活躍する。優秀な人材の登用を意図し学問を奨励した寛政の改革の政策とも合致し、老中松平定信の信任厚く充実した時期を送ることになる。りさはこの時期の事を「風のしるへ」（以後出典の記載のないものは「風のしるへ」よりの抜粋とする）で次のように述べている。

御補佐松平越中守殿（松平定信）有廟（徳川吉宗）御孫に被為当、田沼一件之節御三家様御見出しにて被仰附候、其外老中方も皆御替り被成不残御寄人ニ而聖賢の権家も一統有難り候、其比ハ御役人もうつもれ居候隠君子皆俄ニ御引立有之、扨も心地能御時節ニ候へキ、御目付十人之内中川・森山・石川のミ御前も度々有之、せ上の風説申上候事ニ而（中略）唐大和迄たちまち人気直り寝食安キ世とハ其比ニ候半と、今に忘却不致有難り候事ニ候、

将軍補佐役松平越中守定信は八代将軍吉宗の孫に当たる。田沼意次が、息子意知が刺殺されて次第に権勢を失い老中職を退くと、定信は御三家の推薦もあり老中となった。その他の老中もみんな替わり、役人も埋もれていた人材が引

き立てられ心地いい時節がやってきた。人の気質も直り、寝食も心穏やかで、今も忘れられない有難い時代であった。りさの表現はやや大げさで、一〇代将軍家治から一一代将軍家斉への代替りで全員の老中が完全に入れ替わったわけではない。

一〇人いる目付の内、中川忠英・森山孝盛・石川忠房の三人がとくに目を掛けられ、世上の状況などを定信の耳に入れた。石川忠房は「中川勘三郎（忠英）と森山源五郎、それに自分のみが召されて、御人払いで、直に御用を仰せ付けられた」と記しており、石川の日記からそのことが繰り返しあったことがわかる。

中川忠英は後に出世し長崎奉行・勘定奉行・大目付などを歴任した。学問などにも精通し『清俗紀聞』を著し、蔵書家としても知られ、また次の様な逸話が伝えられている。寛政三年正月二日江戸城年始登城の混雑のなか、当時目付であった中川忠英が騎馬で出仕中、四〇〇〇石の小納戸八木十三郎補之の行列が後ろから突き当たった。八木の先徒が中川の侍を払いのけて前に進もうとし押された侍がよろけて中川の馬の鐙に当たって乱闘になりそうになった。中川は馬から降りて八木と直接談判し城中で話しをつける。この頃登城する行列の供回りの徒士や武家奉公人の「がさつ」が問題となっていたが、中川は厳しく律していた（根岸・二〇〇九）。

石川忠房もその後作事奉行、勘定奉行と出世を遂げた。勘定奉行と道中奉行を兼務していた時、上州安中宿の苦境を救った。その恩に報いるため安中藩主板倉勝明が生祠を建立した。三人のなかで最も長寿であった石川は、八十一歳で旗本の名誉職ともいうべき大奥を管掌する留守居の役職に就いた。天保二年（一八三一）には、嫡孫家祥（のち一三代将軍家定、以下家定と記す）と縁組をした有君（鷹司氏任子）が、江戸へ下向する際の責任者となり、京都から江戸城までの道中の御供をした。病床に伏した石川の元には、御台所寔子・御簾中喬子（一二代家慶正室）・有君および将軍家の姫君たちから見舞いの品が贈られた。それらの品に囲まれて、天保七年正月、八十九歳で天寿を全うした。

さて、孝盛やりさにとっての心地よい時代は長くは続かなかった。中川・石川二人と比べると松平定信失脚後の孝盛は不遇であった。

御補佐御引被成候とたちまち世の風俗かわり手廻しく当世にうつり候、人は立身も致し被用候へ共、御補佐の賢慮自分心に染渡りさほに心を立とをし候、親なそハ何となく墨付あしく相成り

海防の見回りに出張している最中の寛政五年七月二十三日、松平定信は辞職を命じられて、老中首座並びに将軍補佐の職を辞した。定信が退くと孝盛は同六年三月十七日先手鉄砲頭に転じ、同七年五月二十一日火付盗賊改の加役を命じられが、約一年後の同八年六月その役を解かれる。「蜑の焼藻の記」はこの不本意な解任が執筆動機ともいわれている。その後、世子家慶の西丸に転じ享和二年（一八〇二）十二月二十八日西丸持弓頭、文化六年（一八〇九）六月十七日西丸鑓奉行となり、鑓奉行を最後に同九年六月二十三日に職を辞す。隠居後は浄和と号し、歌道や書道を楽しみ、文化十二年三月十四日（過去帳では十四日、先祖書では十六日、以後過去帳の没年月日を採用、年齢は数え年）七十八歳で生涯を終えた。

りさ（利佐子）は「過去帳」から戒名が「孝賢院殿天室智鏡大姉」で弘化三年（一八四六）二月二十四日に死去したことがわかる。しかし、享年の記載がないためこの史料では生年は分明しない。森山家の知行地にある海厳寺（千葉県）にりさ自筆の「福聚海無量《ふくじゅかいむりょう》」の額が残っている。そこに「天保十一年庚子孟春　森山氏女　行年七十七歳　利佐子書（印）」と刻まれており、天保十一年に七十七歳ということは、明和元年の生まれで、弘化三年に八十三歳で没したことがわかった。

りさの生母は孝盛の妻ではなく妾であり、安永三年八月二十日に死去している。「過去帳」に「桂容院殿貞輪妙光

大姉　丹羽氏女　孝盛妾　孝賢院殿実母」とある。りさは名前を二度変えている。明和八年九月に梅から種と変え、安永七年十一月に利左（りさ）と改めた。また、幼い頃に一度外に出されたようで、妾の子として苦労したようである。先妻石野氏が安永八年二月に死去すると孝盛はりさに婿養子を迎え、家を継がせることを決意する。この時、孝盛の子はりさ一人であった。

我等儀未老年ニも及不申、再縁又は妾腹ニも男子出生可致候得共（中略）、又候再縁後も生之程も難計、我等儀最早四十をも越候間、おりさ儀も段々成人ニも相成、外へ片付候も用意等も調兼、其上全体妾腹なから惣領ニも候上、おりさ母我等部屋住之内骨折候事も有之（『自家年譜：森山孝盛日記』安永八年三月二十一日条）

自分はまだ老年にはなっていないし、再縁をした相手や妾腹に男子が生まれる可能性もある。しかし、再縁しても生まれるとは限らない。自分も四十歳を越え、りさも成人したが、他家へ嫁入りさせるにも衣装や金銭の用意をするのが難しく、またりさは妾腹であるが惣領である。りさの母親も自分が部屋住みの時、苦労し頑張ってくれた、と養子と取る理由を述べている。

安永九年十二月、長女りさに一〇〇〇石の旗本土方家より仁十郎（盛年のち盛季《もりすえ》）を婿養子に迎える。孝盛の心情を想像すると、正妻石野氏の死去により、寵愛していた妾の子りさに養子を迎え家督を継がせることができたといえる。もちろん、猟官運動をしていたこの時期に、家格が上の土方家から養子を迎えた事情はこれだけではない。盛季の実家土方家の本家は菰野藩土方家で、同家は田沼意次と姻戚関係にあった。昇進が叶うことを期待したのはいうまでもない。

盛季は寛政三年部屋住のまま召し出され、番入りして書院番に入る。部屋住勤役者とは父が幕職か小普請にあって隠居していない状態、つまり家督を継いでいない惣領などが幕府の役職に就き勤めに出ることをいう。

同九年小納戸、文化四年小姓、同九年には家督を継ぐ。同十年徒頭となり、文政九年（一八二六）鉄砲頭、天保五年（一八三四）には孝盛と同じように鑓奉行となり、同九年旗奉行に転じた。また、盛季は文化五年十二月十一日従五位下に叙せられ安芸守という官職を戴き、森山家では唯一従五位下の官位に相当する諸大夫となった。天保八年頃から病床に伏していた盛季は、同九年五月二十七日七十七歳で病死し、森山家の菩提寺である牛込宗参寺に埋葬された。

りさと盛季との間には成長した子どもは三男二女があり、嫡男（次男）の源五郎盛之が家督を継ぐ前に死去したため、四男与一郎盛哉が跡を継ぎ、盛之の息子宗次郎盛久を養子とした。三男は盛季の実家土方家の従兄筋に当たる家に養子に入り土方与膳久慈と名乗る。りさは天明五年十月に長男与助（早世）を、同八年に次男盛之を、寛政四年に次女りそを、同八年に三男土方久慈を、同十年に四男盛哉を産んでいる。りさは請われて寛政四年七月に誕生した家斉嫡子竹千代（生母お万）の御乳持《おちもち》（御差《おさし》）となるが、竹千代が夭逝したため三ヶ月ほどで江戸城を下がった。この詳細は第五章で述べるが、この江戸城での奉公経験がのちに閑道取次を受ける上で重要な意味をもつことになる。

りさが孝盛によって教養ある女性に育てられたことはその残された記録よりうかがい知ることができる。寛政十年に編まれた松代藩主真田幸弘の六十賀集『千とせの寿詞』に、父孝盛、夫盛年（盛季）、妹りのと共に祝賀歌を寄せている。その一首は「老らくの千代を心の色そひてさかふるやとの軒のまつかえ」。この賀集の巻頭は松平定信の一首が飾っており、定信との縁で森山家の人々も歌を寄せたのかもしれない。幸弘の六十賀集には大名・旗本の妻女や奥女中など一〇二人もの女性が参加しており、そのなかに広大院付老女花町らがいる。柴桂子氏はこの賀集で「武藤庄兵衛　とゐ子」と記載されている人物が瀧川ではないかと述べている（柴・二〇一一）。「凪のしるへ」にも登場する瀧川は、五〇〇石の旗本武藤家の女性で、一〇代将軍家治の将軍職就任と共に本丸老女（御年寄）となり、家斉期の初期まで奉公を続け、寛政元年七月に職を辞した。後に、瀧川は孝盛次女の江戸城大奥奉公を斡旋する役割を果たすことになる。

また、りさは若桜藩主松平冠山の六歳で亡くなった娘露の追悼集「玉露童女追悼集」にも前詞を添え南無阿弥陀仏を頭に寄せた六首を寄せている。天保七年には亡父孝盛筆の『百人一首』をりさが自ら版行した。

孝盛の娘はりさを含めて三人である。次女が御台所寔子（広大院）付中年寄となった嶋沢で、三女が野々山数馬兼業の妻となった女性である。ここで妹二人の実名、生年、生母について再検証を提唱したい。りさの場合は「風のしるへ」で自署しており、薩摩藩から出された書付からも「りさ」で間違えないといえる。

江戸時代の女性の名前を確定させることは実に難しい。先祖書は家の由来や当主の経歴を中心に記されたもので、女性は出てこないことが多い。系譜では女子と記されるのみで、結婚していれば夫の名前がわかる。親類書でも誰々娘と記さるのみであるが、この時奉公に出ていると女中名と職制、主の名が判明する。ではどのような史料をみればよいのであろうか。本多作左衛門家では「重賀《しげよし》以来明細系譜」と記された史料に本多家の女子や妻の実名・生没年・経歴などかなり詳しく記されているが、これは珍しい例といえる。奉公に出た女性本人の親類書が残っていれば名前とその時の年齢がわかる。名前や享年が記載された過去帳もあるが、森山家の場合はそれもない。従って、様々な史料から探るしかない。

はじめて「風のしるへ」を世に紹介した水原一氏は、論文（水原・二〇〇一）のなかで、りさ・りえ・かえをそれぞれの実名とし、我々もそれを継承してきた。しかし、水原氏はその典拠を示しておらず三女をかえとすることには当初より疑念もあった。盛季の親類書に「妹　御台様御中﨟　私養父森山源五郎娘　嘉恵」とあることから、かえは嶋沢が中年寄になる前、中﨟の時の女中名であることが判明した。りえの根拠はりさが記した「風のしるへ」にあった。そこでりさは妹嶋沢がりえであることを繰り返し述べている。しかし筆者はある一文をみた時読み間違えではないかと頭をよぎった。それは「其頃嶌沢Xえと申す候時分にて」というフレーズで、すでに寔子の中臈として姉りさと共に閑道取次の一翼を担っていた彼女はかえであり、このXも「り」ではなく「か」と読むほうが妥当である。そこでりさの仮名文字のくずしを確認すると「むかし」の「か」と符合した。つまりりえと読んでいたのはすべてかえに変わる可能性が高まった。ではりえはどこにいってしまったのだろうか。まだこの時点ではりえが嶋沢の実名である可能性は残っている。そして、二人の妹の内どちらかがりのであることは真田幸弘の六十賀集『千とせの寿詞』よりわかった。

ここでもう一度『自家年譜』を丹念に見直すことにした。話をりさの結婚前後に戻そう。りさの生母で孝盛の妾丹羽氏が安永三年に死去し、病勝ちで子どもがいなかった孝盛の先妻石野氏りめも安永八年二月に没した。そのわずか二ヶ月後に、孝盛は小普請組奥田美濃守支配加賀美金右衛門道貞の娘（天保七年十一月十一日没）を後妻として自邸に迎えいれた（幕府よりの縁組の許可は十二月）。天明元年に養子与一郎盛年（盛季）と結婚したりさは、長男を産む前に二度死産を経験している。このりさの出産と相前後してりえという女性が女子を産んでいる。りえが天明元年閏五月十四日に産んだ子はりのと名付けられる。りのが孝盛の子であることは、孝盛が産穢により仕事を休んでいることから明白である（孝盛は娘の出産の時は休んでいない）。りえは天明四年七月十三日にも女子りうを産んでいる。従って二人の生母は孝盛の後妻加賀美氏りえで、次女の実名がりの、三女の実名がりうとなる。

りのが嶋沢であることは、『自家年譜』から深尾家との結婚、離婚、奉公に出る際の記事を拾い明白となった。これに基づき嶋沢の経歴を整理してみよう。七夜の日に清水屋敷奉公しているみの（孝盛養父盛明の妻、系譜上の祖母）より、りのという名を付けてもらう。この前日、後にりのの主となる寔子が薩摩藩邸から一橋邸に引き移る。天明二年に初節句、同三年に髪置の祝儀があり、同七年には疱瘡を経験したが大変軽く済み、順調に成長している。寛政二年には早くも深尾家から嫁にもらいたいとの相談がある。翌三年縁組がまとまり、十一月に幕府より許可が下りた。りのは深尾八大夫の惣領で小姓組伊勢日向守組に属する鎌五郎元典に嫁すが、元典の酒乱「かえハ其比未年若ニ而一両年親類内へ一端片付先方酒乱にて気病出、取もとし申候」が原因で離縁となる。「先祖書」に「右島澤儀御徒頭深尾八大夫元方惣領御小姓組伊勢日向守組深尾鎌五郎元典江嫁候処、不縁ニ付双方熟談之上寛政九丁巳年十一月御届申上離縁仕」とあることから、熟談の上の協議離婚で、幕府へ届け出て寛政九年十一月に離縁が成立した。

森山家と深尾家は五代盛照の嫡女（養性院）が深尾新八郎元房に嫁しており、以前にも婚姻関係があった。りのは元典との間に寛政七年九月四日男子を、同九年正月十四日女子を産んでいる。女子りよは森山家で引き取って育てていたが、文化八年六月十五日「智芳院紅含恵性大姉　孝盛孫女　深尾氏女（過去帳）」に死去した。享年は十五歳であった。

離縁した翌年の寛政十年、りのは姉りさと共に真田幸弘の六十賀集に歌「いく千代の色こそ増れ深みとりさかふる宿の檜の松かえ」を寄せている。その肩書には「森山源五郎孝盛女（娘）」とある。

離縁後りのは、御台所である寔子のもとへ奉公に上がることとなる。りのが江戸城大奥に奉公に出られるよう取り計ってくれたのが元老女瀧川であり、その前提として森山家と武藤家及び瀧川が親しい関係にあったことがうかがえる。孝盛が大病を患った時も、瀧川と弟武藤庄兵衛が見舞いの品を届けている。

まず、瀧川は寔子付老女と連絡を取って目見の日程を段取ってくれた。寛政十二年三月二十一日、りのは本丸大奥での目見を首尾よく済ませ、手跡も提出する。四月二十七日召し出しが決定すると、赤飯を炊いて祝い瀧川らへも配った。森山家では支度金として四〇両を用意し、瀧川の部屋方女中で局の役職にあった槙野に一部を渡し、衣類など奉公に必要なものの準備を手伝ってもらった。りのの道具は奉公の前日に大奥へ送られたが、長持二棹、箪笥一荷、釣台二荷というかなり大がかりなものであった。この荷物の運送も瀧川の五菜が手伝ってくれていたと思われる。中野という女中が世話親となることが決まり、りのは五月十一日本丸大奥へ上がった。御台所付御次の役職とその給金が示され、嘉恵（かえ）という女中名を戴いた。

瀧川が享和元年（一八〇一）十一月十九日に死去したことは孝盛の日記より確認できた。「老女瀧川殿も大功相立八十六歳ニ而遠行被致候」という「風のしるへ」の記載に従えば享保元年（一七一六）の生まれとなる。翌享和二年二月二十九日、瀧川より形見分けの帯などがかえに贈られた。

瀧川はかえを推挙する際、正直者で親兄弟みんな正しく、心置きなく召し遣うことができるという賛辞を加えてくれていたことが「風のしるへ」よりわかる。

かえハ右瀧川殿すいきょニ而被申上、此者ニ置候てハ御請合申上候（中略）、至極正直者にて親兄弟皆たゝしく候間　御心不被為置被為召遣候様ニと被仰上、一年計御次相勤直に御中臈被仰付御側を御はなし被遊候てハ御不自由と中事ニ而役付不申、近頃ニ至り漸々中年寄被仰付候、

かえは一年ほど御次を勤めた後、中臈となった。寔子の信頼が厚く御側を離れると不自由ということで、その後しばらく役付（役女中）にはならなかった。奥女中の組織は役女中・側女中・下女の三系統に分けられる。役女中とは儀式や交渉を管掌し、組織を維持するための仕事に従事する者を指す。そのトップが大奥女中全員を束ねている老女（上臈御年寄・小上臈・御年寄）で、その下に御客応答・中年寄・表使・右筆・御使番などがいる。その後中年寄に昇進し嶋沢と改名している。「近頃に至り」とあるがそれはいつであろうか。島津重豪の三位昇進の内願を請け負っていた時期はまだかえであることから（第四章一節）、重豪が三位に昇進する天保二年正月以降に中年寄になったと

いえる。

嶋沢は天保十二年に奉公御免を願う「中年寄嶋沢奉公御免（「七宝御右筆間御日記」天保十二年五月二日条）。この奉公御免（御役御免）という制度は、長年勤務し功労のあった年配の女中に許されるもので、職務から解放され公式の場に顔を出す必要はなくなるが、特定の主に付属し江戸城内に留まる。これを元職という。主（嶋沢の場合は広大院）の生存中に奉公を完全に辞めると暇となってしまうため、功労者に剃髪を許可するための救済措置と考察できる。弘化二年二月広大院の逝去により剃髪し善妙院と名乗る。寛政十二年から四五年間寔子に仕え、共に過ごした嶋沢は、その約一年後の同三年閏五月十二日に息を引き取った。

孝盛の三女りうは天明四年に生まれ、西丸御小姓組松平伊予守組野々山数馬兼業の妻となり、男子を産んだが、文化四年正月に世を去った。

さて、ここで改めて森山盛季の親類書から文化五年十二月の森山家の家族構成を押さえておこう。盛季はまだ家督を継いでおらず部屋住であるが、小姓として召し出されており、年齢は四十六歳である。盛季にとっては養父に当たる源五郎孝盛、その後妻加賀美氏、孝盛の養母美野（清寿院）、妻で孝盛の娘りさ、惣領与一郎（盛之）、次男与膳、三男与三郎（盛哉）、娘の一人は長山弥三郎の妻となっており、もう一人はまだ手元にいる。孝盛の娘で妹の嘉恵は「御台様御中﨟」とある。さらに盛季の甥で亡くなった妹りうと野々山数馬の次男野々山戌之助と、姪で嘉恵と深尾鎌五郎の娘が父孝盛の手元で養われている。従ってこの時の森山家は二つの家族から構成されており、結婚や奉公で家にいない者を除くと、一つは孝盛夫妻と孝盛の孫二人からなり、もう一つは盛季りさ夫妻と三男一女で構成される家族であり、これが実際に同居していたメンバーとなる。江戸時代の離婚率の高さを森山家の例からもうかがい知る事ができるが、子どもは夫の家で育てるのが一般的と思っていたが、りのは実家に連れて帰り、森山家で育てている。

森山家の屋敷地は孝盛が寛政二年十一月十一日に戸田孫七郎から相対替で獲得して以来幕末まで赤坂今井谷に置かれていた。『諸向地面取調書』に「赤坂今井谷　千五百坪　森山与一郎」とある。森山家の家禄は四〇〇石であるが、孝盛以来加役を受けており、一五〇〇坪という広さは一〇〇〇石以上の大身旗本クラスの屋敷に匹敵する。安政期の地図で確認すると今井谷と書かれた道に面し、氷川神社のすぐ脇であることがわかる。「風のしるへ」では「氷川へ度々参り」「氷川より聞きに遣し」など氷川という言葉が散見しているが、この場合の氷川は森山家を指す意味で使われている。りさが盛季と結婚してからは森山家には二つの家族が存在することになる。このような場合同居はせず、同じ敷地内の別の建物に住まうのが一般的であるが、森山家がそうであったかは不明である。

この氷川の森山家をしばしば訪れたのが薩摩藩家老猪飼央尚敏（第二章で詳述）である。猪飼が訪ねた目的はいうまでもなく閑道取次役のりさとの接触、交渉である。この時期の森山家はすでに孝盛は死去しており、盛季夫妻とその子や孫が暮らしていた。猪飼はりさの機嫌を取るためか、家の建て増しを提案する。

猪印度々御出の席ニ、高輪ニ御古家御取捨の間有之候、私方手せまニ而寄来なその節差　つかへ候間、ひとま立候様ニと被仰候間、未朽にも不致、御手前様方近比御出被成候間、せまうに候へ共、手前なそ是ニ而随分殊たり申候と申候へ共、口の向かわろいの何のと御立廻り被成色々被仰候、左候ハヾ兼々亡父存生中おくを立直し度存意ニ申候間、其間を相頼候半と申候へ共、其比安芸守老病ニ而居間へ通ひ道に不都合ニ相成候間、兎角相やめ可被申候へ者せひと被仰、表居間をこわし二階ニ立直し被下候、

「猪印」（猪飼）は度々森山家を訪れる際、手狭なので高輪の古家の材を使い一間建て増すことを提案するが、りさは「御手前様」が訪ねてくるから狭いように感じるが、自分たちだけならば十分であると反論する。それでも方向が悪

いなどいうので、亡父孝盛が生存中、奥の立て直しを望んでいたのでそれを頼もうとしたが、盛季が年を取り病気で居間へ通うのに不都合なので、表居間を壊して二階建てにしてもらった。「表居間」という言葉に象徴されるように、その境界は大名屋敷のように明白ではないが、旗本屋敷も表と奥に分かれる構造（畑・二〇一二）になっていた。

りさの二人の娘も共に幕府女中として奉公したが、長女りつの出生にはある秘密があった。『自家年譜』に次のようにある。りつを妊娠した時、孝盛の妻は年齢も高く子どもなども多く大変なので、孝盛は流す（堕胎）ことを考えた。しかし、盛季りさ夫婦に止められたので産ませることにした。安産で盛季の娘、自分の孫として幕府に届け、産穢の休暇も盛季が取った。つまりりつは届け出上は盛季の子で、実際は孝盛の娘であった。

おりつ事一体懐胎之節、奥方も段々年来ニ及候旁厄介多ニも有之候間、流しも可致存候処、与一夫婦差留ニ付、無別条安産致し与一娘分ニ致候。産穢も与一請ニ而孫女之積り御届も致置候事（『自家年譜：森山孝盛日記』天明九年八月二十六日条）

りつは文化五年十二月西丸書院番柴田河内守組長山弥三郎直之に嫁すが、双方熟談の上、同九年六月二十日離縁する。その後清水貞章院付中臈となる。貞章院は清水重好夫人で伏見宮貞建親王の娘で、諱が貞子、通称が田鶴宮である。清水家に仕えていた養祖母みの（美野・美濃）の口利きで、離婚後ひとまずは貞章院付となったと推察できる。文政十年に貞章院が死去すると江戸城本丸に移り、松菊丸（斉裕）付となる。斉裕が蜂須賀家に養子に入ると、それに従い引移り、老女にまで出世した。慶応四年に死去した主斉裕より早く文久二年九月に亡くなったので、現役中の死亡であった。岡本は老女の時の女中名である。

次女りそ（梨曽）は寛政四年に生まれ、結婚を経験することなく奉公に出た。文化六年三月に召し抱えられ、家斉の御次たわとして奉公をはじめる。家斉の死後、広大院付表使となり、広大院の死去に伴い剃髪し、福昌院と名乗り、慶応三年（一八六七）三月に死去する。二人の娘が容易に奉公に出ることができたのは、叔母嶋沢の存在があったことはいうまでもない。

森山家にはほかに二人、武家奉公に出た女性がいた。安永四年正月二十一日、孝盛の養父盛明が死去した時、養母みのはまだ年が若かったので、加賀藩邸に勤めていた「叔母様」からいずれ奉公に出すということで、髪も少しだけ切るにとどめた。父方か母方かはわからないが、孝盛には加賀藩前田家の江戸屋敷に奉公している叔母が居り、その叔母の紹介でみのは安永四年七月御三卿の一つである清水家の屋敷への奉公が決まる。清水徳川家は九代将軍家重の二男重好が江戸城清水門内に屋敷を賜ったことにはじまる。重好は宝暦十二年に田鶴宮（貞章院）と婚礼しており、みのが奉公に出た時点では二人が健在であった。

同七年四月六日に宿下りしたみのは加賀藩邸から出かけてきた叔母と一緒にお決まりの芝居見物に出かけている。十三日には清水邸に戻った。孝盛は日記にみのの宿下りの記録をまめに記していることから、奥女中の宿下りというテーマで追うことができる。安永八年、みのは御錠口助に昇進する。御錠口は男性主に付く役職であることから、みのは重好付であったと考えられる。しかし、盛季の親類書には「貞章院附相勤」とあることから、寛政七年に重好が死去した後、正室の貞章院付に替わったと捉えられる。みのはりさ（種）やりのの名付け親となり、りのの結婚先である深尾家に挨拶に行くなど、森山家の一員としての役割を果たしている。

二　大奥に奉公した旗本の娘たち

一三代将軍家定付女中一八五人の内、約七〇%を幕臣が占めている。宿元は奥医師や小納戸、広敷役人など奥向役

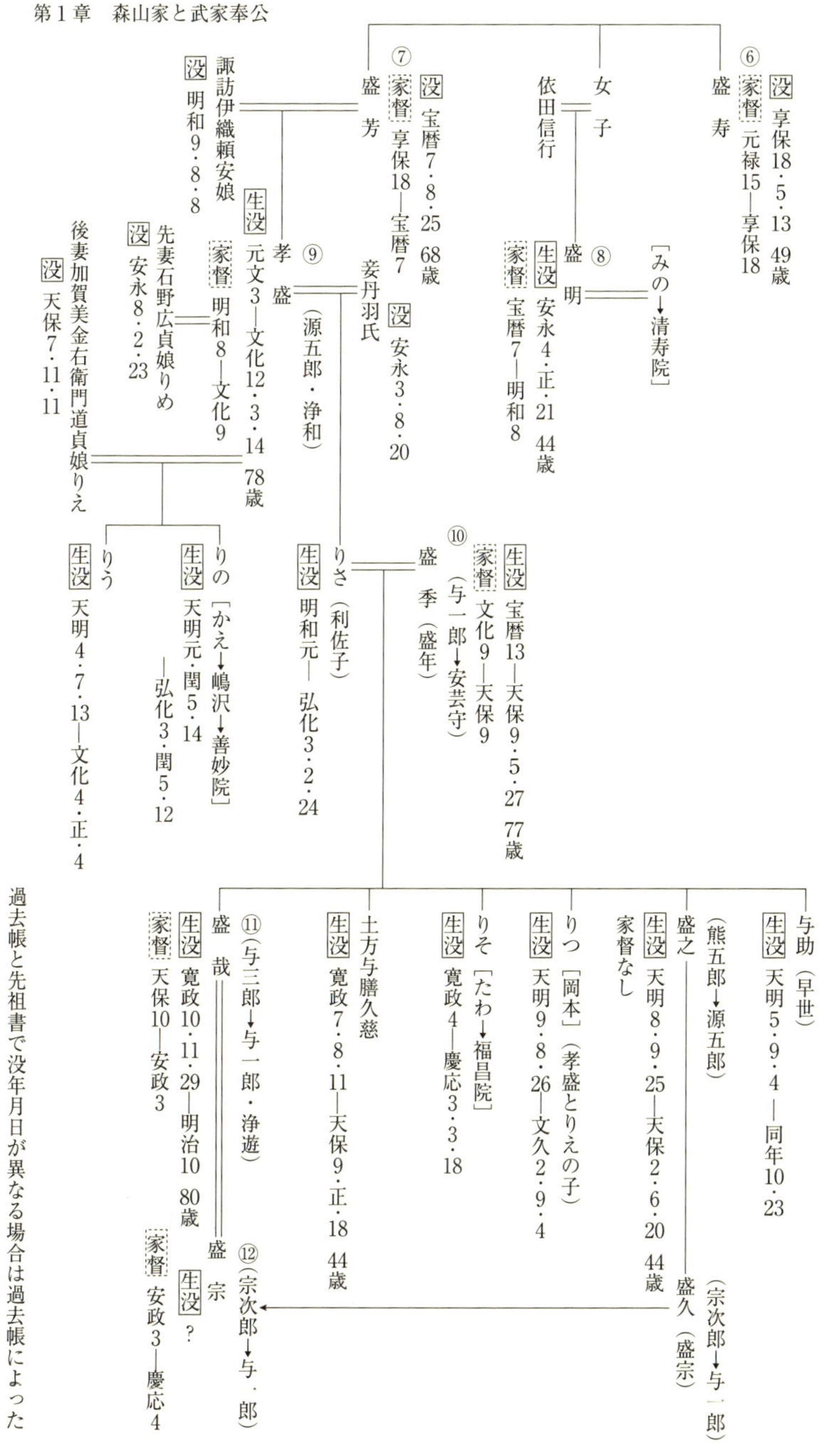
⑥盛寿
家督 元禄15—享保18
没 享保18・5・13 49歳
女子
依田信行
⑧盛明
生没 安永4・正・21 44歳
家督 宝暦7—明和8
[みの→清寿院]
⑦盛芳
没 宝暦7・8・25 68歳
家督 享保18—宝暦7
諏訪伊織頼安娘
没 明和9・8・8
妾丹羽氏
没 安永3・8・20
⑨孝盛 (源五郎・浄和)
生没 元文3—文化12・3・14 78歳
家督 明和8—文化9
先妻石野広貞娘りめ
没 安永8・2・23
後妻加賀美金右衛門道貞娘りえ
没 天保7・11・11
⑩盛季 (盛年) (与一郎→安芸守)
生没 宝暦13—天保9・5・27 77歳
家督 文化9—天保9
りさ (利佐子)
生没 明和元—弘化3・2・24
りの [かえ→嶋沢→善妙院]
生没 天明元・閏5・14—弘化3・閏5・12
りう
生没 天明4・7・13—文化4・正・4
与助 (早世)
生没 天明5・9・4—同年10・23
盛之 (熊五郎→源五郎)
生没 天明8・9・25—天保2・6・20 44歳
家督なし
盛久 (宗次郎→与一郎) (盛宗)
りつ [岡本] (孝盛とりえの子)
生没 天明9・8・26—文久2・9・4
りそ [たわ→福昌院]
生没 寛政4—慶応3・3・18
土方与膳久慈
生没 寛政7・8・11—天保9・正・18 44歳
⑪盛哉 (与三郎→与一郎・浄遊)
生没 寛政10・11・29—明治10 80歳
家督 天保10—安政3
⑫盛宗 (宗次郎→与一郎)
生没 ?
家督 安政3—慶応4
過去帳と先祖書で没年月日が異なる場合は過去帳によった
[　] は女中名

森山家系図

人もいるが、番方と小普請組が大きな割合を占めている。これは役人の数と比例しているといえる。御家人や小者を親元とする者は、火之番・御使番・御末など下位の職制に就いている。召抱の際の年齢は十五・六歳から二〇代前半に集中しているが、三〇代もいる（「女中帳」）。召抱は単独で行われることもあるが、五名から八名程まとめて行うこともある。この時、御目見以上と以下に振り分けられるが、親の役職が同等であってもなぜか立場が分かれることがある。御目見以下といっても、旗本の娘は御三之間が振り出しとなる。

大名や旗本から提出された記録を基に編纂された『寛政重修諸家譜』では女性は女子とのみあり名前も記されないが、奉公経験が有ると「大奥につかふ」「桂昌院御方につかふ」など経歴が記載される。「離婚してのち大奥につかふ」という記事も散見することから、嶋沢のように離婚経験者が多くいたことがわかる。

大奥に奉公した女性はその家にとって特別な存在であり、系譜や家譜に経歴が記されたり、奉公に出る際に提出した親類書が残されていることもある。また、その家の日記から奉公の足跡をたどることができる場合や墓石に経歴が刻まれることがある。その事例をいくつかみていこう。

1　山田家　太田

山田家は次男であったため分家し、大番へ番入りを果たし三五〇石を賜った長右衛門直弘を初代とする。二代直保は大番に任じられた後、富士見宝蔵番頭を兼務し、宝永七年（一七一〇）に亡くなると牛込感通寺（東京都新宿区）に埋葬された。初代直弘は谷中感応寺に埋葬されたが、感応寺が不受不施問題により、日蓮宗から天台宗へ改宗させられたため、日蓮宗徒であった山田家は菩提寺を感通寺に替え、以後感通寺が代々の埋葬地となった。三代直秀は養子で直保の娘を妻とし、嫡男安著《やすあきら》をはじめ四男二女に恵まれた。長女は田安邸で奉公し右筆から御錠口となりに、次

表1　幕府女中職制表

		職　階	職　掌
御目見以上		上臈年寄	奥女中の最高位で、京都の公家出身者が多い
		小上臈	上臈の見習い
		御年寄	奥向の万事を差配する責任者
	☆	御客応答	大名家からの女使の接待役、この職を経て御年寄となることが多い
	＊	中年寄	御台所の毎日の献立を指示
		中臈	将軍や御台所の身辺世話役、将軍付のなかから側室が出る
	＊	小姓	御台所の小間使。7、8歳～15、6歳の少女が多い
	☆	御錠口	中奥と大奥との境にある錠口の管理と、中奥との取り次ぎ
		表使	大奥の外交・買い物の責任者
		右筆	日記や書状の執筆、管理
		御次	道具や献上物のもちはこび、対面所などの掃除、召人の斡旋などをつかさどる
	☆	御切手書	長局向と広敷向との境にある「七ツ口」から出入りする人々の改め役
	☆	御伽坊主	剃髪姿で将軍付雑用係、中奥への出入りできた
		呉服之間	将軍・御台所の服装の裁縫をつかさどる役
	☆	御広座敷	女使や御城使の世話
御目見以下		御三之間	居間の掃除と御年寄の雑用係
		仲居	献立と煮たき
		火之番	火の元の取締
	＊	御茶之間	御台所の食事中の湯茶を調進
		御使番	広敷役人との取次役、表使の下役
		御半下	掃除、風呂・膳所用の水汲みなど、雑用係

☆は将軍・世子など男性主付のみ。　＊は御台所・姫君など女性主付のみ。
頭（その職名の長）は中臈・御次・呉服之間・御広座敷・御三之間・御末・御使番に、格・助（見習い）は御客応答・表使・御錠口・呉服之間・仲居にある。

女は江戸城大奥で九代家重と一〇代家治の呉服之間として仕え、家治没後剃髪を許され法船という法名を賜った。四代安著の養女は一橋邸に仕え、呉服之間から若年寄となり袖浦という名を賜った。五代安通も養子で安著の娘を妻とした。安通の役職も大番で、市谷念仏坂に屋敷があった。安通の養女二人と実子二人の計四人の娘が奥向へ奉公に出ている。養女は二人とも井伊掃部頭家臣桜井安右衛門保陳の娘で一人は種姫（家治養女）に仕え、種姫死去後結婚している。もう一人の養女みわ（太田）については後で詳述する。実子の一人こやは感通寺の墓石に「呉服之間　山田安通娘　古屋」と彫られており、嘉永元年（一八四八）三月二十日に死去している。もう一人のやそは一橋邸へ奉公に出ている。

養女のもう一人は太田という女中名で御年寄にまで出世した人で、その墓石には経歴と彼女の人柄をたたえる碑文がびっしりと刻まれている。墓碑と系譜からその経歴を追っていきたい。

太田は幼名をみわ（三輪）といい、安永四年（一七七五）四月十一日の晩に誕生した。寛政四年（一七九二）七月に同月に誕生した家斉嫡男竹千代の御三之間として、大奥にはじめて奉公に上がった。その時に十八歳でほのという女中名をいただいた。竹千代が死去すると御台所寔子の御三之間に転じ、その後また家斉付御三之間に進んだ。享和元年（一八〇一）五月二十七歳の時に、尾張家に輿入れした家斉嫡女淑姫付表使となり、駒野という名前を賜り、尾張家市ヶ谷上屋敷内の淑姫御守殿に移る。淑姫が文化十四年（一八一七）に死去すると、翌文政元年（一八一八）六月に再び本丸大奥に召し出され表使格を仰せ付けられ、初嶋という名を賜った。文政四年四月陽七郎が逝去すると本丸表使格加人となり、太田と改名する。その後同七年八月に松菊の御守役となり、同十年に松菊が阿波蜂須賀家の養子（蜂須賀斉裕）となると、それに従い蜂須賀家の江戸屋敷に移る。天保八年（一八三七）七月には大奥において年寄職を拝命する。実に勤続四六年目のことである。それから一年も経たない翌天保九年三月二十四日に六四年の生涯を閉じた。

太田は平生から知り合いが多く、会葬には多くの人が訪れた。細かいことまで気を遣い、誠実で事務能力にも優れていた。父母に孝養を尽くし、兄弟に対しても自分の俸禄を当てて貧窮を救った。子どもの頃から雅で和歌や茶道を好み、草花や盆栽を愛でていた。彼女は亡くなる一年位前から自分の死期を悟っていたようで、柩のなかに入れる物や葬祭時の器などの選定をしている。太田は御年寄に任命された時すでに病気を発症していたのかもしれない。旗本の娘が実家の家計を支えるために奉公に出るという通説を立証する内容となっている。

さて、この太田だがその経歴からりさとりつ（岡本）に出会っていることがわかる。竹千代の御三之間であった時に、竹千代の御乳持となったりさと、松菊付となり蜂須賀家への引き移りに従い御年寄岡本となったりつとは、長い時間同じ主に一緒に仕えており、先輩として指導する立場にあったと思われる。

2　本多家　貞

一七〇〇年代、本多姓の旗本は四三家を数え、その階層も九〇〇〇石の大身旗本を筆頭に多岐に及んでいる。当本多家は「鬼作左」の異名をもつ本多作左衛門重次《しげつぐ》を家祖とする武門の家柄である。重次は家康の祖父の代から三代に仕え数々の合戦で戦功をあげた。その子成重の時に越前丸岡藩主となったが、五代重益が藩政を顧みず御家騒動が勃発して改易となった。しかし、五代将軍綱吉の死去に伴う恩赦により、二〇〇〇石の旗本として再興され、下総相馬郡に知行所を下賜された。八代成邑《なりさと》の時、表六番町の屋敷を拝領し幕末に至る。一〇代重賀《しげよし》以降は婿養子が重なる。重賀は八代成邑の実子で叔父九代成連《なりつら》の養女となった多代の婿養子として本多家に入った。重賀と多代の間には重矢《しげなを》・貞・八重・弥寿・重保《しげやす》・重寧《しげやす》の三男三女があり、重賀は後妻との間にも成宜《なりよし》・成章・成之の三人の男子を儲けた。本多作左衛門子孫の家に残された「重賀以来明細系譜」から重賀の娘貞の一生をみていきたい。

貞は寛政五年九月十七日辰の下刻（午前九時）表六番町の本多家の屋敷で生まれた。子どもの名前は御七夜の日に付けられるが、それより一日早い二十二日に、父重賀の実家の曾祖母安藤中務少輔惟要の後家貞授院が貞という名前を付ける。重賀の父は安藤大和守惟徳で八〇〇石の旗本である。同十二年二月八歳になると尊円流手跡を父重賀より学びはじめる。享和四年二月十二歳で大古田勾当に入門して箏曲の稽古を開始する。

文化三年六月二十八日十四歳の時、尾張藩主徳川斉朝の御簾中淑姫（家斉息女）の小姓に召出され、やをという名を賜る。この時父重賀は幕府に届出をしなかった。同六年三月二十八日十七歳で中﨟に昇進し千佐と改名した。同十三年八月十五日の夜、尾張家市ヶ谷上屋敷の庭内に突き出したように建てられた真四角の御茶屋・清風軒で、和歌の会が開催された。その時淑姫が自ら詠んだ短冊を拝領した。貞が二十五歳となった同十四年の五月二十九日に淑姫が逝去したため、暇を願い七月二十九日に許可された。十四年中は宛行（給与）がそのまま下されることとなった旨を、留守居柳生主膳正が老女まで達し、老女より申し渡された。辞めた時も父重賀は届け出をしなかった。同年八月十六日に清湛院（淑姫）の遺金一七〇両を拝領し、斉朝からも白銀二〇枚を拝受し、その日にうちに表六番町の父重賀宅へ戻った。

文政元年十二月二十六歳の時、高三〇〇〇石の御使番新庄勝三郎の嫡男小太郎直香との縁組が幕府より許可された。相手の直香は再婚である。同二年二月二十七歳で南八町堀の新庄勝三郎宅に引き移り、即日小太郎と婚礼をあげる。同五年九月五日南八丁堀の勝三郎宅で病死、享年三十歳、駒込に埋葬され「志厚院」という法名を贈られる。

さて、右の経歴から少し特徴的な箇所を拾い上げてみよう。まず、名前を付けているのが重賀の祖母で女性であるということに着目した。森山家でもみのが孝盛やりさの娘の名付け親となっている。父親が娘の教育に当たっているのも、孝盛とりさの関係と共通している。奥奉公に出る娘が身につける必要があるとされたのが、箏曲や三味線などの歌舞音曲であるが、本多家では奉公に出ることなく結婚した八重と弥寿も箏曲を習っている。娘を江戸城大奥などに奉公に出す親は、上司に届け出をする決まりがあったが、重賀はそれを行っていない。

貞と太田（この時は表使駒野）は淑姫という同じ主に仕え、御守殿で一緒に生活していたのであるから、当然顔を合わせていたといえる。大身旗本の娘である貞はいきなり小姓という役職に就き、十七歳で中臈に出世した。表使は役女中系の重要な役職ではあるが、職制上は中臈の下である。コツコツと経歴を積んで出世していった太田とは対照的に、金銭で苦労することもない貞は、御側女中として優雅な御殿ライフを満喫していたと推察できる。淑姫の遺金は当然太田も手にしたのであろう。淑姫の死去を契機に結婚を選択した貞ではあるが、相手は再婚で、結婚後わずか五年で病死した。出産が死亡の原因とも考えられる。

3　曽根家　谷野

曽根本家は二五〇〇石の大身旗本で、秀忠に仕えていた吉次の次男吉正が分家を興し、さらにその三男之次が興したのが当曽根家で、三〇〇石の禄を賜った。四代演次の養子に入り五代目を継いだ孫八次歌は、天明二年に西丸小姓組に番入りした。次歌には四男二女があり、次女谷野（女中名）が大奥へ奉公に出ている。

典型的な形として、文化九年御三之間に召しだされる。誰々付とないので本丸大奥で将軍家斉付といえる。同十三年三月、家斉の息子乙五郎（斉衆）付御三之間に替る。同十四年斉衆が鳥取池田家へ養子に入り、江戸城から引き移ったのに従い、彼女も同藩邸に入る。文政二年に呉服之間へ進み、その後年月はわからないが御次となる。斉衆が池田家の家督を継ぐことなく文政九年三月死去したため、暇を仰せつけられ曽根家へ戻る。それからわずか六ヶ月後の九月に家斉息女盛姫付右筆を拝命する。このことから、谷野は奉公を辞めていたのではなく、自宅待機の状態であったと推察できる。

文政八年十一月に、佐賀藩主鍋島斉正（直正）へ輿入れしていた盛姫の御次となった谷野は、天保六年十月表使に昇進し、同十年十二月二十一日中年寄となり、わずか二日後の二十三日に御年寄となり出世を遂げた。御年寄になるには形だけでも中年寄に一旦つく必要があったことがわかる。おそらくはこの時の女中名が谷野と思われる。勤続二七年で盛姫付御年寄まで登りつめたが、姫君付御年寄の諸手当は四〇石四〇両五人扶持で将軍付（五〇石六〇両一〇人扶持）よりだいぶ少ない。諸手当の比較などから姫君付御年寄は本丸大奥の御客応答と同格といえる。

弘化四年（一八四七）三月に盛姫が逝去する。谷野は勤続三五年であったので、六月に剃髪を許され、幕府より後扶持の支給を受け生活を保障される立場となった。明治七年六月八日に病死し、曽根家の菩提寺である三田の大松寺に埋葬された。

4　鳥居家　藤野

鳥居家は甲府宰相家に仕え家宣の将軍家継承に伴い幕臣となる。代々小十人を勤めたが、藤野の父正房は奥右筆から佐渡奉行となった。しかし、着任直後の天保九年五月に、佐渡一国を巻き込む大規模な百姓一揆が勃発した。飢饉より起こった一揆ではあったが、奉行所役人の不正も明白となり、奉行鳥居正房以下奉行所役人七〇名が処分された。その後任として赴任したのが川路聖謨《としあきら》で、旧知の間柄であった正房が心労と病で面やつれした様を日記に綴っている。

藤野は文政九年に家定付御三之間として召し出され、玲という女中名を賜る。天保七年十月十三日呉服之間、翌八年五月六日御次と昇進する。この時、やわ（屋和）と改名したと思われる。父正房の処分後も勤務を続けているが、昇進が止まってしまったのは事件と関係があるのだろうか。嘉永六年（一八五三）十月、家定が将軍となり本丸へ移徙するのに当たり御供をした。嘉永七年八月の家定付女中分限帳の御次にやわの名前があり、宿元は兄鳥居八右衛門正賢で役職は膳奉行、屋敷地は牛込わら店とある。

家定が逝去した時、すでに勤務年数は三四年に達しており、剃髪を願うが勤めを続けるよう指示され、御年寄瀧山と相談して家茂に引き続き仕えた。家茂の生母実成院を紀州より引き取ることが決まると、その御待請付人の表使格年寄を仰せつけられ、実成院が将軍家族として様付の待遇に格直りすると、御錠口格年寄となった。藤野というのはこの時の女中名である。藤野は徳川幕府瓦解後も実成院に従っていたとみえ、明治五年（一八七二）の女中人減の際、老年を理由に暇を願い許された。実に四六年の長きに渡って勤務した。

第二章　薩摩藩島津家とその周辺の人々

「風のしるへ」はりさが徳川将軍家と薩摩藩島津家との仲介役である「閑道取次」を勤め、具体的に行った内容の記録である。「風のしるへ」の冒頭に次のようにある。

> 抑々御聞及之通、文政八酉年より御閑道御取次初り、其比かえ当時嶌沢初私とも迄恐多も、君辺御内用其御館を奉初、所々御内縁の国守様方極密御願御糸引申上候様、相成り候（傍点筆者）

江戸城大奥に住む一一代将軍家斉の御台所寔子への、薩摩藩島津家をはじめ子女の婿入り嫁入り先に当たる諸大名家からの官位昇進などの「内用」（内願）の「糸引き」、つまり「閑道取次」をりさは文政八年（一八二五）から引き受けた。りさが島津家の人々と連絡を取り、妹で寔子付中﨟かえ（嘉恵・後に中年寄嶋沢）に伝える。つまり、この閑道取次はりさ、嶋沢姉妹の連携でなされたのである。りさは竹千代の御乳持であったため、大奥への出入りを許されていたことも、内々の糸引きを任された要因の一つといえよう。

さて「風のしるへ」を理解するには、文政・天保期の島津一族の動向やその家臣、奥女中の名前と役職を把握しておかねばならない。文政八年当時の島津家は藩主斉興と世子斉彬が芝藩邸に、前藩主で溪山と号していた斉宣が白金邸に、「老大君」と呼ばれた寔子の実父重豪が高輪邸にそれぞれ居住していた。天保四年（一八三三）に重豪が逝去し、天保六年に斉宣が白金から高輪へ引き移って以降、後半では「高輪」は斉宣を指す言葉となる。

島津重豪は父重年が二十七歳という若さで亡くなったため、若干十一歳で藩主の座についた。重豪を養育しその後見役も果たし、性格形成や人生に大きな影響を与えたのが竹姫である。竹姫は五代将軍綱吉の側室で清閑寺家出身の大典侍（寿光院）の姪で、綱吉の養女となったが、その時は良縁に恵まれなかった。再度八代将軍吉宗の養女となり、将軍姫君の格式で重豪の祖父継豊の後室となった。竹姫が紡いだ将軍家と薩摩藩島津家との絆は連綿と続くことになる。重豪は好奇心旺盛な藩主で、異国の文化に興味をもち、オランダ商館を訪ねるなどとくに蘭学に熱心で「蘭癖」と揶揄された。教育にも熱心で藩校を設立し、花火や芝居・相撲の興行など娯楽にも力を入れた。しかし、祖父の代の木曽川の治水工事に加え、重豪の拡大路線が財政難を増長する結果となった。

天明七年（一七八七）正月、重豪はまだ働き盛りの四十三歳で家督を斉宣に譲り隠居した。寔子が御台所になるに当たり重豪が将軍岳父として権勢を握るのではないかと幕閣に警戒されたため、これを察知し早めに隠居したともいわれる。その後、斉宣が重豪の路線をことごとく否定して財政改革を行おうとしたため、重豪は激しく怒り、改革の関係者が多数処分される「近思録崩れ」という大事件に発展した。重豪は文化六年（一八〇九）に斉宣を隠居させ、孫の斉興を藩主に据えて後見として藩政に復帰した。

この重豪を三位に昇進させることが、りさにとって閑道取次として最初の大仕事となった。重豪は天保二年正月十三日に従三位に昇進した。同三年夏から病に倒れ、天保四年正月十五日、江戸高輪邸にて八十九歳という長寿をもって大往生を遂げた。死後は大信院と号される。「風のしるへ」では重豪は「老大君・高輪・三位・大信院」と記載されて登場する。

寔子は安永二年（一七七三）六月十七日重豪の三女（生母は市田貞行娘お登勢）として鹿児島城で生まれ、於篤と名付けられる。翌三年三月鹿児島から江戸へ転居する。同じ年に誕生した一橋治済の嫡男豊千代との縁組が、竹姫の遺言により安永五年七月に成立すると、茂姫と改称する。この時期、茂姫は和歌を大和郡山藩主柳沢保光に学んでおり、保光は茂姫の歌道師範としてしばしば薩摩藩邸に出向いていた。

一〇代将軍家治の世子家基が急死したことにより、豊千代は天明元年閏五月家治の養君（後継者）となり、江戸城西丸に入り家斉と名を改めた。この時、大名の娘を将軍家の正室にすることはできないと、縁組の解消を求める声が上がった。しかし、家治が竹姫の遺言を尊重するよう指示したことにより、茂姫は閏五月十九日江戸城郭内の一橋邸に引き取られ御縁女様と称され、九月二十三日江戸城西丸に引き移った。茂姫が一橋邸から江戸城西丸に迎えられた祝宴が十一月薩摩藩邸で催され、歌道の師匠である柳沢保光も招かれた。天明六年八月、家治が死去したことにより、家斉は上様と称され本丸に移るが、将軍宣下は翌七年六月まで待たされる。茂姫は近衛経熙の養女となり、寔子という諱をいただいた後、寛政元年（一七八九）二月四日ようやく家斉との婚儀を行うことができた。ここに寔子は御台所となり、重豪は将軍岳父となった。

この年から家斉が隠居する天保八年まで、四八年間寔子は御台所として、江戸城本丸大奥の主として君臨するのである。家斉が隠居し西丸に引き移るとそれに従い、それぞれ大御所、大御台所と称される。天保十二年閏正月に家斉が死去すると、二月二十二日に広大院という院号を賜り、六月一日には再び居を本丸大奥に移す。同十三年二月には従一位に叙せられるが、生前に一位を贈られた御台所は、広大院と天英院（六代将軍家宣御台所、近衛基熙娘）の二人のみである。

寔子については美人であったという風聞が伝えられている。シーボルトの著書「ＮＩＰＰＯＮ」には将軍家斉とその御台所の姿が描かれている。家斉は正面だが御台所（寔子）は後姿の横顔であるため、顔ははっきりとはわからない。また、住吉派七代目で幕府御用絵師住吉弘定が描いたものといわれる広大院肖像画が残されている。

寔子は御台所のなかでは浜御庭や将軍家の菩提寺である上野寛永寺と芝増上寺への御成など外出回数が多かった。最も御台所在位年が長いので回数が多いのは当然とはいえるが、活動的な性格であったと思われる。寔子が浜御庭に遊びに出かけた年は、散見されるだけでも寛政七年、享和元年（一八〇一）、享和二年、文化元年、文化四年、文化五年、文政九年とあり、史料を探ればさらに増える可能性もある。文政九年の遊興に関しては詳しい記録があり、この記録を残したのが寔子付上臈御年寄梅渓である。この日は家斉も外出したが夫婦別行動で、家斉は将軍専用の御召船（御座船）天地丸に乗船して、隅田川で漁師による漁撈の様子を見物した後、一橋家の芝海手別邸に立ち寄り、さらに清水家別邸（浜御庭の先にある）に出かけた。寔子が浜御庭に向かうのは御座船を見物して、夫の船出を見送ったあとで、漁撈の様子を見物した後、釣りに興じる。将軍の御座船が浜御庭の前を横切って清水邸に向かう時も、その帰りも浜御庭の海手茶屋に集まって送迎した。

明暦三年（一六五七）の大火から一八八年経った天保十五年五月十日、江戸城本丸御殿は大奥長局からの出火により焼失し、奥女中の死者を多数出す悲劇をもたらした。将軍家慶、広大院は吹上御庭の滝見茶屋に立ち退いた後、西丸に移った。広大院がその安否を最も気遣ったのが御台所就任以来上臈御年寄としてずっと仕えてきた花町の事である。しかし、老齢により逃げることができず、広大院付女中では上臈御年寄花町、御年寄波浦、中臈てやが焼死した。花町は公家倉橋家の出であること以外詳細はわからない。京都の公家出身の上臈御年寄は分限帳の宿元にも後見人である大身旗本の名前が記されるのが一般的で、出自もわからないことが多い。りさの花町に対する印象は芳しいものではない。

御文通ハ京都ハ村岡雲上ハ花町との、町印ハ公家ひゐきゆへ抑々御家の方御とをくいたし、近衛様を強々と被致候、夫ニハ又色々御さしつかへあらせられ候事ニ而、梅渓よりも文通致候様ニと御沙汰ニ候へとも、町印とか

く人をまぜす御自分計御瀬切被成候事ハ村岡不存、町印へしたしむ方よろしくとのミ京風ニなつこくあからさまニ申参り候間、

この箇所は近衛家の老女村岡との交渉の様子を述べたところであるが、りさは花町の事を「町印」と呼び、「御家」（島津家）より花町は公家を大事にして、他の人を入れずに自分のみが交渉の窓口となろうとしていると批判している。寔子も花町に対して警戒心をもっている。しかし、たとえ御台所であっても気に入らないという理由だけでは老女を替えることはできないことがわかる。

ここで寔子が文通をさせようとしているもう一人の上﨟御年寄梅渓が登場する。梅渓は櫛笥大納言源隆望の娘で歌道に造詣が深く、青梅上町の油屋池田茂兵衛の娘で梅渓の部屋方女中であった喜美の懇請により、青梅の住吉神社の社殿完成を記念し、和歌を奉納した。奥医師を交えた内通路を巡る対立でも両者が登場し、りさが寔子寄りの梅渓を信頼していたことは明白である。

「風のしるへ」には登場しないが、文政元年に寔子付から家斉付上﨟に昇格した花園の経歴は詳しくわかる。「将軍家斉公老女花園葵華院略歴及び墓誌写」によると花園は安永二年に公家桜井兼文と鯖江藩主間部詮方娘の子として生まれる。江戸城へ奉公するに当たり西洞院家の養女となり天明七年に江戸へ参府し、奉公中は間部詮勝を宿元としている。天保十二年家斉死去により比丘尼（蔡華院）となり虎門御用屋敷に住居する。嘉永四年に死去し、芝西応寺に埋葬される。

広大院（寔子）は天保十五年（弘化元年）十一月十日、七十二歳で没し増上寺に葬られた。広大院はりさの妹と娘が仕えた主であり、閑道御用を命じた人物である。りさが最も尊敬し、その立場や気持ちを気遣っていることは「風のしるへ」の文面の節々で読み取ることができる。「風のしるへ」では「台・台の上・御台様・御前・雲上・大御

表2　寔子付女中一覧

寛政9年		天保8年～天保15年5月			
職制	名前	職制	名前	続柄	宿元
上臈年寄	花町	上臈年寄	花町	又従弟	牧野伊予守
	花園		梅渓	由緒	生駒瀬五郎
小上臈	るよ		芝山	由緒	加藤能登守
御年寄	富田	御年寄	波浦	兄	古坂与七郎
	つほね	元御年寄	滝山		
		御客応答格	歌川	又甥	杉原鉄七郎
中年寄	瀧尾	中年寄	袖村	兄	朝倉播磨守
	波江		嶋沢	甥	森山与一郎
	仲乃		杉岡	甥	和田恵次郎
			須磨浦		
中臈頭	佐川	中臈頭	花川	兄	後藤周防守
			花岡	兄	立花斧次郎
中臈	りよ	中臈	りお		文佐橋甚右衛門
	なか		しか	甥	筧清右衛門
	かえ		もせ	伯父	中野監物
	かて		せや	兄	牧野駿河守
	りき		はつ	兄	神田主馬
	みを		りち	父	藤堂釆女
	まち		かえ	弟	久保新十郎
	とわ		みせ	父	仙波金三郎
	やよ		りよ	兄	吉田戌馬蔵
	すき	元中臈	てよ		
小姓	いほ	小姓	よき		
	ちえ				
表使	成瀬	表使	関川	甥	田沢高三郎
	勝井		岩山	甥	鈴木惣兵衛
		表使格御右筆	山村	甥	杉山順之助
右筆	みな	右筆	かさ		
	との		はち	兄	村垣左太夫
	ゆん		ゑん	弟	杉山順之助
御次	たち	御次	きぬ		
	るえ		しの	兄	新家□□郎
	てよ		しほ		
	れつ		かい	兄	青木晴左衛門
	こと		しも		
	さえ		さい	父	吉田貞次郎
			きり	父	山本彦兵衛
			やと	兄	吉田一蔵
			たく	兄	葉山修理
			きつ	父	高林滝之助
呉服之間頭	澤井	呉服之間頭	槇田	又甥	朽木鉄五郎
呉服之間	きお	呉服之間	つた	兄	小笠原添太郎
	るや		るの		

	みを		ろし	又甥	丹羽金八郎
	るん		いま		
	そね		りと		
	ため		そち	父	斉藤左京
			つち		
同格	なつ	同格	ゆの	父	蜂屋五百五郎
		増人	かく		
			くす		
		同格	しち	兄	松前道之丞
			すす	兄	津田大次郎
			やさ		
			ゑき		
御三之間	けん	御三之間	まと		
	とめ		そよ	兄	朝比奈源之丞
	るの		りそ		
	ほの		みた		
	とや		すき	兄	赤井鉄三郎
			たも	兄	中根七郎左衛門
		瞽女	もみ	又甥	内藤充太郎
御末頭	しま	御末頭	たる		
仲居	玉木	仲居	さらしな		
	吾妻屋		もみち		
	にほひ		浦梅		
御茶之間	さん	御茶之間	ぬん		
	やん		くん		
	くん		めん		
	たん		やん		
			ねん		
			はん		
御使番	林屋	御使番	袖や	甥	久保覚之丞
	染きぬ		紅井	兄	いせ屋善兵衛
御半下	さるえ	御半下増人共	16人		
	和こく				
	紅井				
	かもん				
	呉葉				
	春風				
	竜田				
	まこも				
	わかさ				
	わかな				
	さかへ				
	ゆきま				
	なには				
	をき路				
	計89人		計89人		

台様・御東様」と記載されて登場する。

斉宣は寔子誕生から半年後の安永二年十二月六日、重豪の長男として江戸で生まれる。母は中納言堤代長の娘お千万（春光院一七四七～一八一一）。重豪の隠居により、天明七年正月わずか十五歳で家督を継ぐ。当面は重豪が後見をしたが、寛政三年頃から斉宣の親政となった。文化二年十二月には『亀鶴問答』を著し藩政改革の方針を示し、樺山主税、秩父太郎らを重用する。この改革が重豪の怒りを買い主導権争いが激化し、文化六年六月、斉宣は重豪より近思録崩れの責任を問われ強制隠居させられた。隠居前の官職は従四位上左近衛中将薩摩守である。同十三年総髪となり溪山と号し、隠居後は白金邸に住まう。この後島津家は二人の隠居を抱え、財政的負担が増加する。斉宣は隠居後も藩政からは一切遠ざけられる。このような事情から父重豪との間も不仲であったと思われがちであるが、重豪の三位昇進のために尽力し、病が重くなった父を高輪邸に見舞っている。隠居後も自分の官位昇進は積極的に行っておらず天保十一年正四位上になっている。同十二年十月、江戸の高輪邸にて死去、享年六十九歳であった。「風のしるへ」では「溪山・白銀様（後高輪様）」と記載されて登場する。

寔子の生母お登勢（慈光院）が他の側室と区別され「御内証」「御部屋様」と称され権勢を握ったことにより、斉宣の生母お千万は江戸藩邸より鹿児島城本丸御殿に転居させられたといわれる。お登勢の死去後、斉宣や家臣らによって、文化五年二月市田盛常（登勢の弟）は家老を罷免され、市田一族は失脚する。このような事情から寔子と斉宣が不仲であったと勘案する向きもあるが、りさが閑道取次を行ったのは「白金様」つまり斉宣との間の糸引きであり、それは姉寔子との親密な関係により裏付けされたものである。「風のしるへ」全体を通してみても両者の良好な様子やりさが二人を尊重している様がうかがえる。

「島津家文書」には文政二年から八年にかけての寔子の直書・添書約一〇〇通が収められているが、宛名のないものを除けばいずれも斉宣宛である。これらの書状などから、寔子、重豪、斉宣三者の関係をみていこう。次の書状は重豪が寔子付上﨟花町に差し出したものである。

（前略）来ル廿八日　御台様　神田橋御屋形江　御立寄被仰出候旨、御めてたく恐悦奉存上候、其節ハ　御屋形江　私義御機嫌伺ニ罷出候様、なを又不存寄御目見も被仰付候半と誠ニ〳〵御憐愍を以かやう然御沙汰蒙り唯々夢の様ニ有難さ夫ニ付　御屋形江罷出候ハヽ　御前江御目見申上候半と有かたさとかふ申上尽しかたく存上候か、老年ニ及ことの外眼力もうすく相成、御会釈等も失礼の御事共と夫乃ミ〳〵覚束なく恐なから甚心配仕候、御手前様へひとへニ〳〵御頼申上候まゝ、何分其節万端宜しく御心添られ被下候様ニ御願申上候（後略）

「御台様」（寔子）が江戸城大奥から神田橋邸（家斉実父一橋治済屋敷）を訪問するに当たり、重豪も招かれ対面も許された。しかし、自分は年を取り目も悪くなっているので御挨拶の際など失礼がないか心配であるので、花町に万端頼るのでよろしくお願いしたいというものである。つまり、我が子である寔子に非常に気を遣い「御台様」として敬っている様子がうかがわれる。一方、次の書状は寔子が文政四年七月二日に弟斉宣に宛てたものである。差出は「たゞ」、宛名は「溪山殿」とある。

扨者私事、此度来春御昇進の御事　御内意仰出され有かたさ御めてたく先者御内々なから外ともちかい候まゝ早々御吹聴申入まいらせ候、ま事にいつの御代にもなき御事のよし身にあまり有かたさ御めてたく申入まいらせ候、高輪へも九日ニ申上候へとも高輪より御きゝ被成候ハヽ、先初而の御つもりニ□□□のみ申まいらせ候（後略）

寔子は文政五年三月朔日に従二位に昇進する。その慶事を将軍家斉より伝えられた寔子はうれしくなり内々だが早々に斉宣に知らせた。高輪の重豪には九日に知らせるので、もし高輪より聞かれたらはじめて聞いたように装ってほしいという内容である。寔子は父重豪より弟斉宣に親近感をもっていたからこそ、自分の慶事を誰よりも早く知らせ、その喜びを分かち合ったといえる。また他の手紙でも「高輪へは此度そなたへ文上げ候事はそなたよりは申し上げず」「神田橋わき坂（脇坂安董）なぞへもかならず御はなし御無用」などの文言がみられ、内々の話しを斉宣にしている様子がわかる。

寔子は隠居後の斉宣をいたわり、内願の仲介者という重要な仕事を与えたといえる。斉宣は森山家を仲介役とした仕事だけでなく、妻の実家の内願にも関わっている。「有馬・丹羽家官位昇進内願書留」によると文政十一年に丹羽長富（二本松藩）と有馬頼徳（久留米藩）は官位昇進の内願書を斉宣に提出した。斉宣は長富の伯母享姫を後室に迎えており、それ以前に有馬頼徳の伯母恒と婚約している。また、丹羽家と有馬家の関係は、長富の夫人が頼徳の妹に当たる。丹羽長富は文化十年に家督を継ぎ、文政元年に四品となった。当年（文政十一年）は家督から十六年目、四品から十一年目に当たるので、侍従昇進を願うというものである。この年は御側御用取次土岐朝旨の考えもあり幕府への提出は見送られた。二年後の同十三年、丹羽長富は再度斉宣に内願を行い、斉宣はそれを請け添書と共に老中に上げている。それにより、長富は幕府へ内願書を提出することができた。

斉興は寛政三年十一月斉宣の長男として江戸で生まれ、文化六年に家督を相続する。文政三年に祖父重豪は藩政後見を停止するが、重豪の代からの藩政改革の重鎮調所広郷を重用して、砂糖の専売など財政改革を主とした藩政改革に取り組んだ。斉興と調所が行った政策のうち「風のしるへ」と関わりが深いのは琉球口貿易である。

「風のしるへ」では斉興（「太守・芝様」）の宰相（参議）昇進も内願の大きな課題となっている。斉興は文政元年従四位上左近衛中将に叙せられ、その後大隅守に遷任、正四位下となる。参議への昇進は同九年十二月で、同十二年十二月正四位上となる。最終的には隠居後ではあるが従三位となる。

寔子が御台所となった事で島津家やその一族は家格を向上させることができた。島津家が受けた最初の恩恵は、江戸城内における殿席（殿中席）・礼席の向上である。天明四年、重豪の殿席は大広間から大廊下下之部屋に昇格し、同六年斉宣は世子の立場で同様の待遇を受ける。文化六年に家督を継いだ斉興は文政三年に殿席が大廊下下之部屋、礼席については五節句・八朔が白書院、朔望が黒書院となり、また若菜の祝儀に賀を献じることも合わせて許される。

若菜は五節句の一つで、七種参賀とも呼ばれる。この若菜に登城し挨拶ができるのは徳川将軍家の親族や近臣など特別に許された者に限られる。斉興の側用人碇山八郎右衛門が正月七日に森山家に差出した書状（「森山家文書」）の尚書に次のようにある。

なを〳〵若菜登　城には是まて　上意ハこれなく候処、此節より　上意を蒙り猶又有難く存奉り申上候、何とそ御内慶下され候やう願ひ奉り候、めて度かしく

いままでは若菜に登城しても「上意」（将軍よりの言葉掛け）はなかったが、今回より上意を賜るようになった。その事を感謝するという内容である。森山家に感謝していることから、この出来事も森山家による閑道取次の賜物といえる。現在我々が些細に思われることも、幕府が儀礼や家格により諸大名を統治していた当時は重大な関心事であったといえる。この書状に年代は記されていないが、「大御所」が登場することから、天保九年から十一年の史料といえる。

りさが閑道取次をしていた時期に世子であった斉彬の経歴は省略するが、「若君」斉彬の少将昇進（天保五年になる）も糸引きの対象となっている。

次に重豪の側室と子どもたち及び斉宣の側室と子どもたちのうち「風のしるへ」に登場する人物を中心に解説を加えておきたい。重豪・斉宣・斉興の子女の内、成人して他家に婿入り嫁入りした者は表3の通りである。

「風のしるへ」で「清松院＝蝶印」として出てくるのが重豪側室で黒田斉（長）溥、孝姫（松平定和室）の生母千佐（天保十五年十一月七日死亡）である。千佐は幕臣松平藤十郎家臣谷周右衛門政相娘とあるが、「黒田長溥公年譜」では牧野千佐と記されている（栗林・二〇一〇）。千佐は重豪や家臣が驚く程の大柄の女性で、酒豪と知られた重豪が圧倒される程の大酒飲みだったといわれ、惚れ込んだ重豪の求めによって側室となったという逸話が残されている。重豪の側室ではもう一人富貴（房）「妙清院＝花印」が登場する。富貴は島津久般娘で忠厚の母として幕府に届けられた人物で（林・二〇一四）、嘉永三年（一八五〇）三月二十四日死去している。

りさは人に対する好き嫌いがはっきりしていて、寔子や斉宣に敵対する者や災いをなす者は「悪人」「愚人」と記

婿入り・嫁入り先			
藩等		養父・夫君	実父・備考
豊前中津	譜代	奥平昌男	婚約者死去
将軍家		徳川家斉	
日向佐土原	外様	島津忠持	島津久徴
豊前中津	譜代	奥平昌男	
今和泉家		島津忠温	島津久徴
越前丸岡	譜代	有馬誉純	
伊勢桑名	一門	松平定和	
筑前福岡	外様	黒田斉清	
陸奥八戸	外様	南部信真	
美濃大垣	譜代	戸田氏正	
大和郡山	譜代	柳沢保興	
出羽新庄	譜代	戸沢正令	
上総鶴牧	譜代	水野忠実	島津忠厚
三河挙母	譜代	内藤政優	脇坂安董
近江膳所	譜代	本多康禎	
		種子島久道	
重富家		島津忠貫	
日向佐土原	外様	島津忠徹	
陸奥白河	譜代	阿部正篤	
今和泉家		島津忠皎	
石見浜田	譜代	松平康寿	斉興養女
伊予松山	一門	松平定通	
		種子島久道	
相模小田原	譜代	大久保忠愨	
五摂家		近衛忠熙	斉宣
備前岡山	外様	池田斉政	
近江膳所	譜代	本多康融	
土佐高知	外様	山内豊熙	
重富家		島津忠公	
筑後久留米	外様	有馬頼永	斉宣

し、文章の調子からも好意をもっているか嫌悪しているかすぐに見分けることができる。この二人は斉宣の悪口を寔子に告げ口する悪人として描かれており、閑道取次より前もってそのことを寔子に知らせておき、二人の話を取り合わないように注意を喚起している。

斉宣の側室百十は島津樵嵐久尹の養女で、松平定穀、春姫、種子島久珍、寵姫の生母である。表4でも斉宣付女中の別格として記されており、この時存在した斉宣の唯一の側室と考えられる。「風のしるへ」では猪飼央の子女の話題で登場するのみである。

表3　島津家姻戚表

父	子女	生年	生母
重豪	敬姫	明和7	於登勢
	寔子(広大院)	安永2	於登勢
	斉宣	安永2	於千万
	明姫	安永3	
	昌高	天明1	鈴木氏
	忠厚	天明2	富貴(島津久般娘)
	久昵	寛政1	鉄(石井氏)
	孝(寿)姫(柔正院)	文化6	千佐(谷氏)
	斉(長)溥	文化8	千佐(谷氏)
	信順	文化10	曽美(杉浦氏)
	親(種)姫	文化11	関氏
	定姫(真華院)	文化12	古世(田上氏)
	貢姫(桃齢院)	文化14	古世(田上氏)
	立姫	享和1	市田盛常娘
	寿姫	文化11	
斉宣	斉興	寛政3	於八百(鈴木氏)
	操姫	寛政7	喜代(須山氏)
	於隣(松寿院)	寛政9	寿賀(島津仲久建娘)
	忠公	寛政11	蘭(中根氏)
	祀姫(随真院)	享和1	蘭(中根氏)
	聡姫(聡徳院)	享和2	琴(青木氏)
	忠剛	文化3	多津(荒田氏)
	勝(閑)姫(貞鏡院)	文化9	佐藤氏
	定穀(勝善)	文化14	百十(島津久尹養女)
	久珍	文政5	百十(島津久尹養女)
	寵姫	文政12	百十(島津久尹養女)
斉興	郁君	文化4	琴(青木氏)
	斉彬	文化6	弥姫(池田治道娘)
	斉敏	文化8	弥姫(池田治道娘)
	順姫(紫雲院)	文化10	関根氏
	祝姫(智鏡院)	文化12	弥姫(池田治道娘)
	久光	文化14	遊羅(由良)
	春(晴)姫(晴雲院)	文政3	百十(島津久尹養女)

『島津家正統系図』、林匡「島津氏の縁組—重豪・斉宣・斉興を中心に—」等を参照に作成。　＊生母については諸説ある。
網掛けは「風にしるへ」の登場人物。

重豪・斉宣・斉興の子女で「風のしるへ」に名前が出てくるのは、奥平昌高、南部信順、操姫、勝姫、郁君の五人のみである（続柄は表3参照）。聡姫については、名前は出てこないが嫁ぎ先の白河藩阿部家が話題に上がっている。奥平昌高については「一昨年奥平様御昇進御願通被為済候」と流しており、昌高の昇進は閑道取次開始前であることから別のルートで行われた可能性が高い。

島津家と膳所藩本多家とは婚姻関係を重ねており、斉宣の娘操姫が康禎に、斉興の娘順姫が康融（康禎長男）に嫁いでいる。晩年、肺の病で体調を崩した操姫は、実父斉宣が住まう白金邸で回復するまで養生していた。一時、体調が戻ったので膳所藩邸に帰ったが、火事により類焼したため薩摩藩の桜田藩邸に移った。この時何故白金邸に戻らなかったかは推察の域を出ないが、膳所藩の八丁堀上屋敷と薩摩藩の桜田上屋敷は近距離にあり、体調の悪化した操姫を運び込むのに近いところが望まれたのではないだろうか。白金邸よりは医師が派遣され手当てが尽くされたが、天保五年四月二日に操姫は死去した（岩川・二〇一二）。嫁いだ娘が実家で養生する例は、武家庶民を問わずよく見受けられることとである。江戸時代は嫁いだ娘（養子に行った息子）と実家との結びつきは想像以上に強く、「操姫様御付にて当時溪山様老女平瀬との」とあるように斉宣の老女が操姫付となっている。

重豪は龍野藩主脇坂安董の娘を養女とし三河挙母藩内藤家へ嫁がせている。二人の関係はまさにもちつもたれつである。脇坂家は外様大名であったが、寛永期に堀田正盛の次男を養子にしたことで願譜代となる。本来外様大名である家も、血縁関係や幕府への功績を考慮されて譜代扱いとなることもあり、これを願譜代という。しかし、全てにおいて実質譜代となるのは安董が老中になってからで、安董以前に幕府の要職についた藩主はいない。

安董は寛政二年三月奏者番に補任され、翌三年寺社奉行に任命される。この寺社奉行在任期間に延命院事件を処理する。文化十年病気により一旦寺社奉行を辞任するが、十六年後の文政十二年十月寺社奉行及び奏者番に再任される。再任後安董は老中の職を望むようになる。安董が天保六年に発生した仙石騒動を裁いた功により老中に任ぜられたと一般的にはいわれるが、事情はそれだけではないようだ。

脇坂様もかねて老中御願御大願者老君へ被仰上、雲上へも老君より御願遊ハし被為置候事故、格別ニ御引受被成（後略）

其比脇坂様老中御願ニ而日々昼夜分地無御近従大須賀昌平被遣御談し御座候時分ニ而台の御機嫌を甚御おそれ御出被成候折柄故（後略）

脇坂安董は老中就任を「老君」（重豪）を通じ「雲上」（家斉或いは寔子）へ願い出ており、重豪の死後も毎日のように側近の大須賀昌平を薩摩藩邸に遣わし相談を重ねていた。その大願が叶い天保七年二月、西丸老中格に昇進し翌八年に老中となる。一方、重豪が文化六年から文政三年にかけて斉興の後見をしていた時期に、安董は重豪の再三にわたる要請を受けて、薩摩藩が琉球貿易で得た唐薬類の長崎での販売権拡大を幕府要路へ働きかけている。三位昇進願を出すことを一旦は固辞した重豪を説得し、承引させたのも安董であり、「風のしるへ」でも随所に登場する。

最も難解なのが島津家の家臣の役職、立場、人間関係を確定させることである。「風のしるへ」の最後にりさは関係した薩摩藩の役人の名前を記している。

文政八酉年より御閑道御用御談し申し候、御重役方・御広敷御役人衆御名前左の通り

伊木七郎右衛門殿　伊集院中二殿　岩下曲膳殿　有馬権蔵殿　村本一郎次殿　○有馬太殿　○新納甚左衛門殿　○伊集院喜左衛門殿　岩下亘殿　○竪山守衛殿　菊池藤助殿　須磨荘右衛門殿　○池田仲左衛門殿　白石宗　無殿　碇山八郎右衛門殿　○調所笑左衛門殿　猪飼央殿　仙波市左衛門殿

右印分、勤番にて交代

○印が参勤交代で鹿児島と江戸を行き来する勤番武士で、印のない者が江戸定府の役人である。天保九年に信順が八戸藩南部家に婿入りした時、両家はそれぞれの役人と奥女中の名前を記した書付を交換した。この書付をおこしたものが表4で、名前が一致する者に傍線をつけた。これにより役職がわかるのは、家老猪飼央・調所笑左衛門、側用人竪山守衛・碇山八郎右衛門、斉宣付側用人伊集院中二、納戸奉行須磨荘右衛門・仙波市左衛門、広敷用人菊池藤助である。

調所笑左衛門広郷は下級武士である川崎主右衛門の次男として生まれ、茶道職の調所清悦の養子となる。寛政十年、二十三歳の時に、隠居重豪付きの茶道職に出世した。文化初年頃に芝藩邸に移り（斉興付）、茶道頭への昇進を経て小納戸役として登用、それから側用人格両隠居（重豪・斉宣）御続料掛と昇進した。御続料掛とは隠居の経費掛のことで、主に琉球から輸入した唐物の販売を財源としており、広郷はこの時から唐物商法とともに藩財政に深く関与していく。

調所は斉興付の家老となり破綻寸前の藩財政の改革を託される。黒糖の徹底専売化を柱とし、国産品の開発や行政および農政の改革を推し進め藩財政の立て直しを図ったが、建直しが成功したのは密貿易の利益によるところが大きかったといえる。嘉永元年、調所は江戸藩邸で急死する。幕府より密貿易を追求され、その責任が斉興に及ぶのを防ぐため、自害したともいわれる。

りさは調所については比較的淡々と記しており、参勤交代で江戸と国許を行き来しているため、常時糸引きの相手となるわけではない。「江戸ニも重役居候而其事取扱候へとも御国へ参り居候調所笑左衛門守役ニ而取計候間、其者参勤無てハしかと相成り不申」と述べているように、交易の件は調所が握っており、猪飼など江戸家老ではそのことが取り扱えず交渉の相手とならないことがわかる。

表４　島津家家臣一覧（天保９年）

主等	役　職	氏　名	
御用掛	御家老	猪飼央	○
	御側御用人	平田直之進	
	御側御用人兼御側役	堅山守衛	○
	御用人	倉山作大夫	
	御側役	末川主水	
	御留守居	半田嘉藤次	
		近藤隆左衛門	
	御納戸奉行	須磨壮右衛門	○
		仙波市左衛門	○
	御使番	川上拾郎左衛門	
	御広敷御用人	菊地藤助	○
		池田右内	
		日置千右衛門	
	御小納戸頭取御小納戸兼務	伊木半七郎	
	御小納戸頭取格	田上百二	
	御供目付	竹内宇左衛門	
		向井新助	
	御右筆	土持孫兵衛	
	惣奉行見習	橋口李左衛門	
	御小納戸見習	山田屯	
	奥御茶道	上村良節	
	御家老座調役	伊集院宗之丞	
		五代忠兵衛	
		上村十左衛門	
	御徒目付	種子島直之助	
	御用部屋調役	市来宗之丞	
		鎌田越右衛門	
	御用人座調役	葛西四郎太	
		黒田八郎次	
	御留守居役所調役	吉原伊平太	
		川崎四郎左衛門	
	御使番役所調役	池田治左衛門	●
		田代惣左衛門	
		大廻休次郎	
	惣奉行取調役	清元仲兵衛	
大隅守（斉興）	御家老	調所笑左衛門	○
	御側御用人御側役兼務	嶋津主計	
	御側御用人	新納四郎右衛門	
	御側御用人御側役勤	梅田九左衛門	
		碇山八郎右衛門	○
	御側御用人格御納戸奉行勤	伊集院織江	
	御小納戸頭取御小納戸兼務	町田咲輔	
	御小納戸	岩元間	
		岡本半七	
	御茶道頭	相良素白	
	御茶道頭奥御茶道勤	白石妙瓢	
	奥御小姓	12人	
	奥医師	15人	

主等	役　職	名前	
斉興		於ゆら	
	御年寄	嶋山	
		小野嶋	
	若年寄	八十多	
	表使兼務	小河	
	若年寄格	もち	
	御中臈	かと	
	表使	早瀬	
		平野	
	御中臈見習	５人	
	御次女中	９人	
	御三之間	２人	
	御中居	２人	
	御使番	２人	
	御半下	７人	
斉彬	御年寄	岡村	
	若年寄格	くら	
	御中臈	瀧浦	
	御中臈見習	４人	
	御中臈見習格	１人	
	御次女中	４人	
	御中居	１人	
恒姫	御年寄	その原	
		川崎	
	若年寄	花野	
	若年寄格	花沢	
	表使	福岡	
		福山	
	御中臈見習	６人	
	御中臈見習格	１人	
	御次女中	６人	
	御三之間	２人	
	御中居	２人	
	御使番	２人	
	御半下	５人	
於証	表使格御守勤	嶋田	
	御中臈見習	２人	
	御次女中	２人	
	御乳持	２人	
		妙清院	○
		青松院	○
		了性院	
	御年寄	浜江	
	表使	園井	
		萩野	
	御側女中	１人	
	御次女中	５人	
	御三之間	１人	

	奥御茶道	1人	
	小坊主	1人	
豊後守（斉彬）	御小納戸頭取御小納戸兼務	伊集院夘十郎	
	御小納戸	鷲頭才之丞	
		薬丸猪兵衛	
		折田梢	
	奥小性	8人	
	御小姓	1人	
	奥御茶道	2人	
溪山（斉宣）	御側御用人御側役兼務	伊集院中二	○
	御納戸奉行	吉村伝吾	
	御納戸奉行御小納戸兼務	肝付直衛	
	御小納戸	菊地荘八郎	
	奥御小姓	13人	
	御小姓	1人	
	奥医師	7人	
	奥御茶道	2人	
	子供御番人	4人	
福寿亭詰	御用人御側役勤御小納戸兼務	猪飼鉚太郎	
	御小納戸格	三雲鐘之助	
	奥御小姓格	5人	
	奥医師格	2人	
	御半下	2人	
溪山		於百十	○
	御年寄	平瀬	○
		関尾	
	御中﨟	くみ	
	表使	園田	
		直野	
	御中﨟見習	5人	
	御次女中	8人	
	御三之間ニ而御中居勤	1人	
	御中居	1人	
	御半下	7人	
於勝	御年寄	富岡	
	御中﨟	槙尾	
	御中﨟格	きわ	
	御側女中	3人	
	御次女中	1人	
	御半下	1人	
	御番人	2人	
報七郎（久珍）	表使格	初野	
	御側女中	2人	
	御次女中	1人	
	御番人	2人	
於龍	表使格	真崎	
	御側女中	3人	
	御次女中	1人	
	御番人	4人	

○は「風のしるへ」の登場人物。
●池田治左衛門は「風のしるへ」では仲左衛門。

「風のしるへ」に最も多く登場するのが江戸家老猪《い》飼《がい》央《なか》尚敏である。猪飼は寛政五年江戸で生まれ、同十二年八歳の時に薩摩藩に召し抱えられ、隠居重豪付小姓となった。文政四年に側役、同八年正月に側用人側役兼務に進み、文政十一年家老に抜擢される。包括的にみるとりさは猪飼のことを嫌っているが、馴れ馴れしく接近し頻繁に森山家を訪れるのを無下にもできず困っている。

又一ケ条無益の事なから、猪印尤抑々より能時節到り候ハヾ、私ともへ悪名付　君辺を瀬切御閑道の根を立可申と、年来御工被成事と被存候間、私も残念故有躰事　御咄申上置候

猪飼は最初からいずれ時期が来れば、自分や嶋沢に悪名を押し付け、閑道の根を断つ企みであったと述べている。「風のしるへ」の後半部分は猪飼とその奥方、奥方の弟の三人がいかに節操のない悪人であるかという説明に終始している。りさにしてみれば、猪飼の本質を見抜いているつもりになっている

が、それが真実かは検証の必要がある。りさは猪飼のことを「猪印」と記すことが多い。
仙波市左衛門永賛《ながよし》はその娘さかが天璋院付中﨟となった人物で、新納甚左衛門は諱が時升であれば文政年間大坂で藩財政を担当した人物に当たる。伊木七郎右衛門はりさが閑道取次の件で白金邸の御茶屋有隣亭に赴いた際、応対をした人物であることから斉宣付と勘案できる。りさが文末にこの「風のしらへ」を伝えると記した井上逸作は斉興の側用人で、後に井上逸作の息子に仙波市左衛門の娘が縁づき、両家は姻戚関係になる。

りさが文末に記した以外の薩摩藩士としては、伊集院喜左衛門の婿伊集院宗置、猪飼央妻の弟片岡鄭次、元幕府の役人で重豪に召されて御伽人となり種々の機密に参画した菊池東原、家老市田美作義宜が登場する。

市田義宜は寔子の従兄弟に当たる。市田家について整理すると、市田貞行は大坂藩邸詰の足軽で、その娘お登勢は大坂で召し抱えられ、中老として鹿児島で勤め、国元における重豪の妾として三女於篤（茂姫・寔子）を産む。貞行の嫡男盛常（勘解由・喜内・貞中・教国）は天明六年に家老となるが寛政元年（一七八九）に御役御免となり、寛政四年に再任して文化五年に辞職する。義宜は盛常の嫡男で文政二年に家老となるが同六年に辞職する。

天保四年に再任され、再び家老職に就いていた市田義宜に、りさはその退職を促す内通を行った。上からの信頼もなく、人心も離れていると説明した後、次のように続けた。

上の御沙汰ニとても市田をよける人有と見へるから折角再勤も為致候へ共、遠国隔候へ者つら〳〵近く打合も出来ぬ事故、一々内意も不届年来心組候向方ハ多勢と申物ニ而せん方なく、功成とけて身しりそくの俗言ニならひ美しく引候而日和を見るがよろしかるへくと御内話ニ而夫に極り御内通も申候事に御座候、猪印を以芝様より被仰下候者市田勤候而ハ国政納り兼候、御家の御例格者家老隠居料百石宛ニ候へ共十ばいニ致千石ニ成可被下候間、隠居為致度との御内願、其通申上前文之通御内評被為在候

「功成し遂げて身退く」の格言に習い、美しく引いて日和をみるがよいのではないかという内話になり、内通申し上げた。斉興は市田が家老職を勤めていては国政が治まらないと考え、島津家の例格では家老隠居料は一〇〇石であるがその一〇倍の一〇〇〇石という好条件を提示して、市田義宜が自ら家老職を退き隠居願いを出すよう猪飼央に命じて、閑道取次であるりさを通してこの内話を市田に伝えさせた。これにより市田は天保七年家老職を辞した。島津家内部の人事に関することまでりさに仲介をさせているのは、市田が寔子の縁者であるからであろうか。市田義宜はりさが「風のしるへ」を認めるきっかけをくれた人物でもある。

第三章　内願の構図

一　「風のしるへ」の概要

りさは閑道取次を寔子より拝命した理由として森山家の困窮を挙げている。文政八年（一八二五）当時の森山家は、孝盛はすでに死去しており当主はりさの夫盛季である。盛季は文化十年（一八一三）閏十一月に徒頭、文政八年十二月八日には先手鉄砲頭に転じている。惣領盛之も文政五年には部屋住の身ながら召し出され番入りを果たし書院番となっており、妹りの（かえ）、娘りつ・りそと三人も奥女中として奉公に出て十分な給与を受け取っていた。家族内に五人も働き手がおり、困窮する理由が見当たらないが、何らかの事情があったのだろう。

其後星霜おしうつり、色々家門のせいすい時有て、甚困窮ニ及候事ニ成りぬ、其節恐多もかしこくも台の上被為聞召、甚御配慮の御恵深く、其比ハ白かね様江御閑道御内用之御事御すくひ旁と被仰付

ともあれ森山家は困窮しており、それをみかねた寔子が「白かね様」（斉宣・溪山）への閑道内用を命じたというものである。

次に「風のしるへ」の記載内容を一通り確認しておこう。結婚当初の御台所寔子の立場の不安定さ、金剛院事件、

松平定信の治世、りさが竹千代の御乳持となった事情を述べた後、本題の閑道取次に入る。

最初の話題は重豪の三位昇進の件で、りさは斉宣の発意を受け動いたとある。その後りさは、白金の斉宣だけでなく芝藩邸からも内用糸引きを依頼され岩下亘から上布五反を貰い請けてしまう。白金と芝、つまり斉宣派と斉興派が一心同体と思い引き受けたが、斉宣の側用人伊集院中二から依頼を請けたことを非難され、考えが違うことに気づき後悔している。薩摩藩の内情としては、家老猪飼央の森山家への接近と孫宗次郎の懐柔と鎌倉行きなど話は複雑に絡み合う。ここでりさは猪飼の奥方を「忠も義りも情も存無人物ゆへ皆ばけあらハれ申候」と酷評している。

家斉・寔子両御所揃っての西丸への移徙を寿ぎ、島津家が加賀藩前田家と並び立つ家格になったことは御台所の恩恵によるものと褒めたたえる。この頃幕府より何か御手伝普請等を命じられそうになったため、一〇万両上金して回避した。ここでまた、斉興の宰相昇進の話に戻り、中国・九州の街道宿場に宰相の関札（参勤交代の大名が宿泊した本陣などの出入口に建てた札で「加賀宰相旅宿」などと記される）が建つのははじめてで、猪飼、碇山もその功で加増され、碇山よりこの恩は一生忘れず氷川（森山家の居住地）の方へ足を向けては寝られないとの手紙をもらったが、すぐに失念したようだと苦笑している。立て続けに御願いという訳には行かないので斉宣の位階については少し時間を置くこととする。

その後森山家への三〇〇俵の褒美や五〇〇石の加恩の話しから、閑道取次が取りやめとなった話へ移る。自分が取りもったことにより手元に残された多くの書状は無益のものとなったので、御手許（市田義宜）へ差し上げるので、一覧の上火中に投じてほしいと頼む。「壱人の老婆先々は御掛合之方々数人より御文通千辛万苦致し候」とあるように、すでに年を取っていたりさは、猪飼や碇山など閑道に携わった薩摩藩の役人らとの頻繁な文通を負担に感じていたようである。しかし、一方でこれらの書状が森山家に残っていれば、「風のしるへ」の背景が克明にわかったであろう。

閑道取りやめの話しで、終了となるのではなく、また再び斉興の宰相昇進の件となる。菊池東原の次男で清水邸の近習番となった黒川善右衛門の話しの後、斉興の宰相昇進の話しがいよいよ仰せ出されるであろうと、天保九年九月十五日に本丸御側御用取次で大御所家斉の御用も兼帯していた水野忠篤より極内々に飛鳥井（本家付上﨟御年寄）へ内意が告げられた。

ここからは、家斉の側室お美代と奥医師の吉田成芳院のことから、家斉と寔子の大病、さらに家斉死去の模様へと話しが展開していく。成芳院の伯母が斉宣付老女平瀬で、末の妹を寔子付中﨟頭花岡の部屋子として大奥にも送り込んでいる。お美代の台頭により、お美代やその養父中野石翁（清茂）に取り入り内願を果たそうとする輩が増えてくる。島津家には御台所がいるにもかかわらず、猪飼などはお美代に取り入り事を成就しようとしており、御家の重臣として不義不忠の行動だと、りさはなじっている。成方院の甥川村赤膽をお美代が引き立て奥医師しようと画策する。吉田成芳院や川村赤膽などは、上辺は穏当にみえるが極悪人であると糾弾している。

家斉と寔子はほぼ同じ時期に重い病に罹るが、寔子は快方に向かった。一方、家斉の病状は悪化し、将軍家慶が立腹し本丸の奥医師桂川甫賢を遣わし、ややもちこたえる。お美代は寔子が家斉の見舞いに行こうとすると病後であると止め二人を会わせないが、島津家には、日々対面していると嘘の報告をしている。

当夏中（天保十一年頃か）の白鸞鶱拝領の話しから、近衛家と関わる事柄に話題は移る。近衛家老女村岡は天保十一年一月江戸に下向して吉原などで派手に遊んだ。さらに、近衛家への通路の件で、花町の嶋沢への対応にりさは怒りを覚えたと記す。ここで天保六年の斉宣の薩摩下国の話を挟み、嶋沢・氷川（りさ）への通路が止められ、島津家家臣らや大奥に女中たちとの複雑な人間関係のなかで、突然贈られた紬二反と肴料千疋にも警戒し二人が陥れられないように用心をする様子がうかがえる。天保十年正月十八日の飛鳥井の死去により、閑道取次がいろいろと差し支えるようになった。

琉球交易願一件の話となり、仲介役の桂川甫賢や当事者調所笑左衛門が登場し、内願の通路について花町と猪飼とでまた一悶着ある。松平康任が密貿易で失脚したことにも触れる。飛鳥井の死後、花町が間に立つことが多くなり、お美代も台頭し、猪飼・調所など重役との行き違いも多くなり、りさは手を引いていくことになる。

後半は「当高輪様（斉宣）芝様（斉興）御閑道御用取扱候条々」を箇条書きで述べている。聡姫の嫁ぎ先である阿部家一件、重豪の三位昇進願い、重豪死去間際の取扱い、死後重豪に「護国権現」という神号を与える件について、斉宣の薩摩下国一件、操姫の嫁ぎ先である膳所藩本多家一件。仙石騒動・竹島事件の責任で天保六年に松平周防守康任が老中御免され、陸奥棚倉へ転封させられた時、同家に嫁いでいた勝姫を島津家に大帰させたこと。八戸藩南部家と重豪の息子信順との養子縁組一件、脇坂が斉宣に西丸再建の上納金を勧めたこと、斉興の参議（宰相）昇進一件などが「御閑道御用取扱候条々」に挙げられている。阿部家と本多家の一件は中身が記されていないため、何の糸引きをしたかは不明であるが、昇進など家格向上に関することであろうか。

これ以降は閑道取次と関係なく、天保七年の大飢饉で森山家の知行所からの廻米が困難になった時七〇俵拝借したことや、片岡鄭次が生活の困窮を理由に扶持を上げてもらいたいと頼むので、調所と碇山に取成し実現したが礼もないなど、愚痴が多くなってくる。

「風のしるへ」が書かれたのは天保十二年二月で、このような記録を残した理由として、りさは家老職を退き隠居していた市田義宜から、閑道がやめられた理由を聞かれたため、その発端から詳しく書き起こし、その下書きを森山家の子孫への心得として残したと記す。

大御台様御腹おと勢之方慈光院殿御下御由縁市田美作家老ニ而其比隠居御閑道相やミ候事を甚ふしんニ被存其おこりを承り度、自分ハ退隠身分ニ而も子孫家政ニもくわゝり候事、心得ニと申被越候間、発端より之訳を委敷認遣候、下書後世子孫之心得ニ残し置也

市田とのやり取りのなかで、りさの性格が如実に表れている個所があるので、ここで紹介して置きたい。りさは文中で「御手前様」と市田義宜に話しかけている「溪山様御下国一条、これは御存じ候事故、認めず候得とも、後候ては御手前様御国政よろしからす（後略）」。「溪山様御下国一条」は市田義宜が取り扱ったことなのでよくご存じであろうから認めないと断った上で、あなたの国政が良くないと、薩摩藩の家老に対し臆面もなく、しかも本人に向かって言を発している。りさの気性の激しさは随所で垣間みられるが、とくに次の一文が克明に物語っている。突然贈られた紬二反と肴料千疋を仙波市左衛門に返却したところ、仙波が主人から贈られた品を返却する訳を教えていただかなければ、主人に申上げられないといったのに対し、次のように返した。「先も無極老の私身分やふれかふれと存、心を居何方へも持出し出来不申候様成る悪口認御答申候、夫より御出無御文通も無いんしん不通ニ相成り候」老い先短い年寄の自分なので身分など気にせず破れかぶれで、誰にも見せられないような悪口を書いて答えた所、その後音信不通になったというものである。

なぜ閑道取次が取りやめになったかという市田義宜の問いに、りさは「花町様より通路御とめゆへ」と答え、花町が障害となったことなどその原因を説明しているが、閑道取次が切られた時期についてははっきりと言及していない。天保九年十二月、りさと息子与一郎盛哉は薩摩藩家老調所笑左衛門広郷・猪飼央尚敏、側用人碇山八郎右衛門久徳から、斉興が宰相（参議）に叙任された功に報いるため、来年以降永代玄米二〇〇俵を贈るという證書（「森山家文書」）を受け取る。

證書

玄米弐百俵

　但壱俵三斗三升六合入

右者兼而内用向ホ厚御心配被下候処、此節大隅守殿ニ茂不容易宰相昇進冥加之至被奉存候、依之目出度相祝ひ

右之通来亥年より永代被致進入候儀、聊相違無御座候、為後證仍如件

　　　　松平大隅守

　　　　　側用人勤　碇山八郎右衛門久徳（花押）

天保九年戊十二月　　家老　調所笑左衛門広郷（花押）

　　　　　家老　猪飼央尚敏（花押）

　森山於りさ殿

　森山与一郎殿

このことから、天保九年末に何らかの節目があった可能性は高いが、天保十年正月の飛鳥井の死去により閑道取次が差し支えるようになったとあることから、終了時期はもう少し後と考えられる。「風のしるへ」を脱稿した天保十二年二月前には完全に消滅したといえる。

二　内願のルート

抑々、内願や内用を取り次ぐ「閑道取次（糸引き）」がなぜ必要で、どのような役割をもち、目的の成就にどれだ

けの効力があり、いかなる経路で行われたものなのか、考察していきたい。「風のしるへ」でそのことに触れている箇所がある。

其筋へ私答ニ初より御閑道極密御通路ハ畢竟中ニ而中ニ御差つかへ被為在、何事も御実方へ御前御実意とをらせられぬ事を追々御年もめし候間、御功志ニ成らせられ御心被為附一躰の御賢計より御つる道を思召被為附候て御家の御為と思召御差引被遊度所よりおこり候御事ニ御座候、御表向御自由に参る事なら御閑道も何も入不申候、右御閑道御糸引御家ニ而御勝によろしく御入用之節者此事其事被仰上被下候様ニと（傍線筆者）

「表向でなんでも自由に行えるのなら、閑道はいらない」という傍線の箇所が本質を克明に物語っている。言い換えれば表向の公式ルートだけですべての事柄が処理されるのではなく、表立って願うことが憚られることや、公式に願い出たが目的が遂げられないこと、交渉が行き詰まったことなどは、奥向ルートなどの閑道、糸引きが必要となる。このことは内願や奥向ルートなどの説明で繰り返し述べられてきたことと符合する。藩から幕府への内願は、家格の向上や役職就任などの目的で行われるものが多い。官位の昇進や石高の増加といった家格の向上は、将軍の計らいで行われるもので、大名側から正式に願いを提出してもよいものではなかった。これは表向への願書提出が許されていなかったということで、実際は内願というかたちで運動が行われていた（橋本・一九九九）。

公式の文書（老中奉書）による伝達のほかに、非公式に特定の人脈に結びついた内々の伝達ルート（内証）がすでに三代将軍家光の時代に存在したことを、高木昭作氏は指摘している。家光の時代は幕府制度の確立期に当たり、参勤の時期をたずねるなど伺いの内容が異なり、大奥の組織化も途上であったが、高木氏の論旨を要約しておこう（高木・一九九九）。この時期老中奉書という形式で将軍の意志を伝達する制度が確立されつつあったが、病中の家光が大奥に籠り勝ちになったため側近や大奥の女性たちが、家光に意思を伝達する役割を担うことになった。このルートは老中経由の表向に対し内証と呼ばれた。内証で上意をうかがえるのは家光の周辺の人物に特別な手づるをもっていることが必要であった。老中奉書は大名に上意下達するもので、将軍の気持ちを伝達するには不向きであったため、そのようなときも内証ルートが利用された。さらに情報収集網としても活用された。春日局の役割は家光の意向を伺いそれを老中に伝え、奉書が発給されるように事態をフィックスしたことで、家光と老中との間の取次として権勢をふるう存在となった。

しかし、幕府は大奥にどのような機能をもたせるか、確たるビジョンがあったわけではないといえる。お江（二代将軍秀忠御台所）は江戸に滞在していた大名夫人を引見しているが、その行為が後世に引き継がれることはなかった。それでも大奥は内証ルートの一つの経路として存在し続けることになる。各将軍期の事例を検証しなければ仮説にすぎないが、そのルートは各将軍により一様ではなく、規定されたルールが存在したとは言い難い。

松崎瑠美氏（松崎・二〇一二）は奥向ルートについて贈答儀礼などで日常的に使用されたのみでなく、大名家にとって重要かつ内密な事柄について、公式な願い出や許可がなされるまでの内々の政治的な通信・交渉においても、幕府と藩の双方で積極的に利用されたと述べている。ここで強調されるのは幕府側からの働きかけにも利用されたということである。その例示として五代将軍綱吉養女竹姫と島津継豊との縁組を挙げている。

継豊は一度、幕府からの竹姫との縁組の申し出を断って、毛利吉元の娘皆姫を妻とした。その後、皆姫と死別した継豊に、後室として竹姫を迎えるよう八代将軍吉宗の内意が伝えられる。これは表向ルート（将軍吉宗→老中松平乗邑→藩主継豊）で伝達された。しかし、二度も婚約者を亡くした竹姫との婚姻は不吉として、継豊は断る気配をみせる。そこで、吉宗は島津家説得を近衛家出身の天英院に依頼する。その時使われたのが、奥向ルートで、将軍吉宗→天英院→天英院付老女秀小路→薩摩藩女使佐川→福姫（吉貴正室）→隠居吉貴という経路になる。奥向ルートでの説得が功を奏し、竹姫と継豊との縁組が成立した。

竹姫の件は幕府側からの依頼であるので例外といえるが、概して吉宗は奥向ルートでの内意うかがいを極力受けない傾向にあったといえる。

岡山藩主池田継政はその父綱政の晩年の子で、正徳四年（一七一四）十二歳で家督を継いだ。生母栄光院（幸品・水原氏）は京都の出身で、綱政の寵愛を受け元禄十五年（一七〇二）岡山城で継政を産んだ。継政が幼くして藩主になったので、正徳五年五月に江戸へ下り藩主を助け、享保八年（一七二三）九月岡山に帰国する。継政は享保七年四月仙台藩主伊達吉村の娘和子を正室に迎えるが、その呼称を巡り伊達家と池田家で一問着起こる。池田家では「奥様」ではなく、同家の慣例通り「御前様」と呼びたいとし、その仲裁を幕府に求め、栄光院の名で吉宗付老女三室宛てに書状を送りやり取りを重ねた。三室も栄光院の意向に沿う形での決着にもっていこうとしていたが、上意により内証よりの交渉ができなくなったため詫びの書状を栄光院と池田家の重臣日置七郎左衛門へ送った。次の書状には差出と宛名がないがおそらく栄光院と日置とのやり取りと思われる。

> 御前様御願の事たゝ今御内証ニ而御うかゝひ御座候ところニ、とかく老中方へ御願被成候やうニと　御意ニて御座候のよし御耳ニ達まいらせ候事ゆへ、表向より御願あそハし候様ニ被成へく候、（中略）右之通ニ御意出候へハ御内しやうは成かたく候半と残念ニ存まいらせ候、まへ度の御願も老中へ申遣し候やうにとの上意ニて御座候ゆへ、もしさやうの間違にてハ御座なく候やと存、三室殿へ念入承りまいらせ候、いつれのみちにも御耳ニ達まいらせ候まゝ御願あそハし候やうニいたしたく存まいらせ候（「享保七年寅歳従御城女中之文栄光院様江」）

「御前様」と呼ぶことの願い事はいままで「御内証」から伺ってきたが、表向から老中へ願い出るようにと吉宗の「御意」である。御意が出たからにはもう内証からの交渉はできなく残念である。もしや、前に頼んだ願い事と勘違いしているのではないかと三室に確かめたがそうではないという内容である。内証で処理してもよさそうな、正室の呼称の問題までも表向から老中に願い出るようにと吉宗は指示している。このことと直接の因果関係はないであろうが、十五年後の元文二年、継政と和子は離婚する。岡山藩池田家が伊達家に事前相談なく離縁したことにより両家は長い間絶縁状態となった（堀ほか・二〇〇〇）。

一橋宗尹の娘保姫と島津重豪との縁組に関しても幕府側（一橋家側）からのアプローチが最初にあったと思われる。おそらくは事前に将軍家重の意向を確認していた家重付老女松島が、一橋宗尹の内諾を取り付けた上で、島津家と具体的な交渉に入った。この話は松島→荻原（竹姫付老女）→竹姫→藩主重年（重豪実父）と伝えられ、江戸の重年と鹿児島の隠居継豊との間でやり取りがありバックされる。島津家の意向は荻原→松島、松島→宗尹のルートで一橋家に伝えられ、宗尹の意向は、松島→荻原のルートで再び島津家にもたらされた（笹目・二〇一三）。ここに一橋家の老女は介在していない。その理由として、宗尹が江戸城大奥で生まれ育ち、松島とも旧知の間柄であり、御三卿が将軍家の家族として遇されていたことが挙げられる。

江戸家老義岡久中と島津久郷に宛てた書状（宝永五年正月）で重年は、一橋家は石高が少ないが問題ないとし、むしろ一橋家と姻戚関係があれば、官位の昇進などが首尾よく整いやすいと利点を挙げている。また、重豪は若年なので婚礼の時期は十年後くらいがよいとしている。宝永五年（一七〇八）六月に重年は死去するが縁組の話は順調に進められ、宝暦五年（一七五五）には、縁組が正式に整うまで一橋家との交際は竹姫とその娘菊姫が行う運びとなった。同九年八月、一橋家から保姫と重豪との縁組について将軍家重の内意伺いが出され、家重の内諾を得て、十一月表向から正式に幕府へ願い出て縁組が成立した。

御三卿と縁組をした大名家の意図を右の書状の一文が端的に表しており、幕府への内願のルート上に御三卿が存在していたことがわかる。文化十三年弘前藩主津軽寧親は侍従への官位昇進の願書を出した。御三卿田安家に後押しを依頼したとみえ、田安家からも添え書きが御側御用取次高井飛騨守清寅に出された。この時の津軽家と田安家との関係は、寧親の息子信順が田安斉匡の娘欽を妻としていた。この年は心願が実現しなかったため、文政元年・文政三年と重ねて願い実現の運びとなった。田安家でも重ねて口添えを行い、文政三年には江戸城内で、添え書きを直接、家斉側近で御側御用取次林肥後守忠英に渡している（「津軽越中守寧親心願書控」）。

松平定信は寛政の改革において、内証ルートを機能させないよう策を講じていることを、高澤憲治氏は指摘している（高澤・二〇〇八）。天明八年（一七八八）十月定信は将軍家斉に「御心得之箇条」を示し、大奥向からの表向に関わる請願を将軍が取り上げることがないよう諫言している。さらに、「老中心得十九箇条」のなかで老中が老女からの願い事を取り持ちしないよう、大奥や側近による政治介入阻止を規定している。定信が規制に力を入れたということは、それ以前は活発に行われていたことを意味する。皮肉にも、定信が退き家斉の親政がはじまると、江戸時代を通じ大奥や近臣からの内証ルートが最も活発に機能する時代の到来となる。

すでに高木氏が述べているように、非公式ルートは奥から奥へという純粋な奥向ルートに限定されるものではない。将軍側近や奥医師を仲介者とするルートや、表向に所属する男性役人から奥女中へアプローチを掛けるルートも存在し、老中を経由したとしても賄賂性の高いものは非公式ルートといえる。筆者は水戸藩主徳川斉昭の雪冤運動（言い換えれば幕府への内願活動）が様々なルートを駆使して行われたことを検証した（畑・二〇一〇）。この件は家格の向上を願う単純なものではなく、水戸藩内の党派争いを孕んだ複雑な案件で、幕府でも容易に結論を出すことができなかった。そのためこの内願の構図は複雑で大奥だけでも三保山、お定、姉小路と交渉相手を替え、峯寿院（家慶妹）・斉昭夫人有栖川宮吉子よりも直書で頼み、紀州藩主徳川斉順（家慶弟）の袖にすがり、奥医師伊東宗益からも上申してもらったが、周りの人間がどんなに説得しても家慶の気持ちが変わらないため、内願は困難を極めた。

ここで断っておかねばならないことは、筆者が松平斉民の菓子を用いた贈答行為について論じた時にも触れたが（畑・二〇〇九）、当主である将軍や藩主は表にも奥にも属する存在で、表向、奥向どちらのルートを使ったとしても、最終的に行きつく先は当主である。

三　「風のしるへ」の内願構図

ここでは「風のしるへ」の内願の構図を確認しておこう。二節冒頭の一文には寔子がりさに閑道取次を依頼した意図も述べられている。寔子は実家である島津家の官位昇進などを願うことは長いこと遠慮をしてきたが、年も取り元々気にかけていたことなので、島津家のために「差引」をしてあげたいという気持ちが強くなり、それにより起ったものであることがわかる。しかし、御台所が直接運動をするわけにはいかないので、通路（内願ルート）が必要となる。

その経路は以下のようにまとめられる。まず仲介者、取次役として江戸市中の赤坂氷川に住まう旗本森山家のりさがいる。りさを起点に島津家側は、斉宣よりの依頼（重豪の三位昇進や斉宣の帰国願いなどの件）であれば、斉宣付側用人伊集院中二や伊木七郎右衛門、仙波市左衛門がりさと接触し、芝藩邸（斉興）よりの依頼（斉興・斉彬の官位昇進、琉球交易などの件）であれば、猪飼央や碇山八郎右衛門らがりさに口頭や書状で内容を伝える。りさは手元に寄せられた用件を、妹で寔子付中年寄嶋沢（中﨟かえ）に取り次ぐ。そこで嶋沢は寔子の意向を伺いやり取りを重ねる。そこから先、家斉へ上げる経路はすべて同じではないので、具体的に「風のしるへ」からみていこう。

御前町印を御排せき被遊、飛鳥井殿に八上の老女なら梅渓殿世話親故御内通ニてと、き御家より御願出候前先飛印ニ梅より内通御させ（後略）

嶋沢は中年寄であるので寔子付老女に伝えることとなる。前章でも述べたように筆頭老女「町印」（花町）はいろいろと問題があるので、「御前」（寔子）は花町を排除して梅渓をその役とした。その梅渓から「上の老女」つまり将軍家斉付筆頭上臈御年寄飛鳥井に内通させ、飛鳥井から家斉へ話を上げるか、「御錠口」で男性役人に話を通す。これが一般的な経路といえる。梅渓の経歴については前章で触れたので割愛するが、飛鳥井の部屋子であったことが右の一文より知られる。飛鳥井を名乗る老女は江戸時代を通じ三人存在するが、当飛鳥井は二代目に当たる。二代飛鳥井は明和四年（一七六七）に平松権中納言時行の娘として京都に生まれ、十一歳で江戸に下向し、初代飛鳥井の部屋子となる。江戸での宿元は旗本三枝氏で、寛政六年十月将軍家斉付上臈御年寄となる。六二年勤め、天保十年正月十五日（記録により十六日、十八日）七十三歳で死去し、白銀瑞聖寺に葬られる。

南部家への養子一件のある一条では、この時嶋沢がりさの夫盛季の病気見舞いで森山家に宿下りしていたので、森山家を訪問した猪飼央が直接趣旨を説明する。翌日江戸城に上がった嶋沢は趣旨をそのまま寔子「御前」に説明する。その説明を聞いた寔子が話を早めるよう指示し、飛鳥井から「用掛り」へ話を通し、この件は首尾よく収まったというものである。この「用掛り」は御用掛老中のことと捉えることができ、老女が老中と直接相談して話を進めたことになる。この時期家斉は隠居して西丸に移っていたが、飛鳥井は本丸に残り将軍家慶付として勤務していた。「風のしるへ」の説明では若干経路が省かれているが、飛鳥井へ寔子の意向を伝えた梅渓が存在したことは他の史料より知ることができる。南部家の一件は次章で詳述したい。

飛鳥井が重要な役割を担っていたので、彼女が天保十年に死去するとその通路に苦慮することとなる。琉球交易一件では次のような経路となっている。意外にもすぐ花町が乗り気になり将軍家慶付老女瀬山と相談し、瀬山が御錠口で御側御用取次水野美濃守忠篤と会い、前向きな家慶の内意を聞くことができた。水野忠篤は大御所家斉の御用も兼務しており、その妹は家斉側室お梅（真性院）であった。琉球交易一件では薩摩藩は大奥経由のルートだけでなく、桂川甫賢を取次ぎとした奥医師のルートも駆使している。

また、島津家は五摂家である近衛家をも内願の伝手として利用しようとしたようである。重豪の三位昇進の節は実際に利用されているが、村岡を供応するなどそのほかの機会にも活用を考えていたと思われる。しかし、公家経由の依頼は、大名と公家の家来の直談は難しく、老中と公家との直談もしてはならない規定であるため難しい、と物語っている。

さて、取次のルートは大名家から将軍への内願に使われるだけでなく、将軍家からの密談にも利用されたことは以前述べたとおりである。『旧記雑録追録　第七』に嶋沢・りさのルートを使い寔子が密事を市田美作義宜に伝えた事例が載せられている。

先是五年甲午正月、城代市田美作義宜守邸在江府、　御台所密諭之以使　初之丞君為斉彬嗣子、義宜辞之、初之丞君　内府家慶公第五子也、凡　御台様有報密事於我也、自侍女島澤而伝之於其家森山某者室、而室以伝報之於我以為恒矣、此月八日室請義宜詣其家、義宜往則室密語　御台所諭旨曰（中略）、義宜憂懼兼至君恕之裁之為義宜善辞之、室体感義宜言以具報之於島澤、嶋澤以告之於　御台所、　御台所亦大感義宜言

天保五年正月、江戸に出府していた鹿児島城代市田義宜へ、寔子から家慶の第五子初之丞（後の一橋慶昌）を跡継ぎのない斉彬の養子にしてはどうかと内々の話しがあった。この密事は先ず嶋沢から森山盛季の妻りさに伝えられ、それを受けてりさが義宜に正月八日家に来てくれるよう要請し、義宜が行くと御台所の密事の要旨をりさが伝えた。し

かし、義宜は島津家久に秀忠の次男国松（忠長）を迎える話があった時、家康が源頼朝以来の血統を絶やしてはいけないといった故事を引き合いに出し、島津家の血筋を絶やさないためこの提案を固辞した。この話に感動したりさは義宜の言を嶋沢に伝え、嶋沢が御台所に報告した。寔子も深く感じ入りこの件はなくなった。

この密事は森山家の閑道取次を利用し、経路は寔子→嶋沢→りさ→義宜という流れを往復した単純なものである。最もこの件を寔子に依頼したのが家慶か家斉かその周辺の人々か、或いは寔子自身の発案かははっきりしない。

第四章　島津家内願と大奥の動向

一　重豪の三位昇進

寛保三年（一七四三）に定められた「官位之留」による島津宗家の極位極官は従四位上左近衛中将で、重豪は明和元年（一七六四）にすでにその地位に達していた。従四位上中将と従三位の間には正四位参議（宰相）があったが、島津家では一気に従三位を願うこととする。

重豪の従三位昇進についてはすでに崎山健文氏が二つの論文（崎山・二〇一五、一六）で詳細に分析しているので、まずはその要点を紹介し、その上でりさや寔子の関りについてみていきたい。崎山氏が典拠としているのは東京大学史料編纂所蔵「島津斉宣極内密用留」である。

文政九年（一八二六）十月、一橋家家老土岐信濃守朝利（御側御用取次土岐朝旨と姻戚関係）が、内府（近衛忠熙）と御台（寔子）が一緒に幕府へ三位昇進を願えば成就するだろうといってきたので、斉宣が娘で近衛忠熙夫人郁君に直書を送る。同じ月、三位は難しいので宰相（正四位）に格下げして願い出るか揺れ動く。やはりまず三位をお願いしてどうしても出来かねるときは宰相とする。十二月二十七日近衛忠熙より寔子へ、郁君より斉宣へ都合の良い返事が来る。しかし、文政十年二月の一橋治済の死去により頓挫する。

文政十一年二月寔子の発案で再び内願がはじまろうとする。老中松平周防守康任に相談し、同人の感触もよかったが、三月重豪の固辞により内願書提出に至らなかった。二年後の文政十三年四月、斉宣主導で再開され、寺社奉行脇坂安董を巻き込み重豪の説得には成功する。重豪の了承を得た斉宣は次に、寔子から家斉への執り成し「御直御願」を依頼する。これと並行して斉宣・斉興から表向ルートで松平康任に内願書を提出し、康任より老中筆頭水野忠成へ差し出され、脇坂を通じて御側御用取次土岐豊前守朝旨へも願書が提出された。七月重豪が剃髪でその前例がないことから暗礁に乗り上げるが、九月には瀬川・土岐の引き受けはよいと好転する。十二月には昇進が確定となり、重豪は天保二年（一八三一）正月二十日三位に叙せられ、以後三位様と呼ばれる。

崎山氏は文政十一年四月二十六日の斉宣下書からこれ以降りさの対応はなくなったと指摘するが、「風のしるへ」と「島津斉宣極内密用留」より、森山家と大奥の動きを再確認したい。

りさの動きが確認できる最初は「島津斉宣極内密用留」で、文政十年正月十四日「氷川より御沙汰ニ而文来ル返書下書」とある。氷川は森山家、ひいてはりさを指す。すでに一回目の内願からりさが関わっていることが読み取れる。

「風のしるへ」は時系列も前後し、りさの記憶も曖昧なため事象が混在し判断が難しいが、三位一件は「老大君三位御昇進御願候義、白かね様御発願ニ而被仰上候得とも、老君御承引不被為在候ニ付、何卒台の上よりしいて被仰上被下置候様ニかえより申上させ候様ニと被仰含候段を」という書き出しではじまる。この時りさは息子源五郎盛之と共に白金邸の御茶屋有隣亭に招かれる。重豪が承引しなかったとあることから、文政十一年の出来事であろうか。

脇坂安董の重豪説得の記載は二度出てくる。最初は「又候しゐて御願立ニ相成脇坂様を以老君へ色々被仰上漸々御承引被遊御願出候」で、二度目には次のようにある。

かえニ計談候間よく〳〵申含脇坂様へ申上、脇坂様もかねて老中御願御大願者老君へ被仰上、雲上へも老君より御願遊ハし被為置候事故、格別ニ御引受被成

脇坂は老中就任の内願を重豪に頼んでいたため、今回の重豪説得を快く引き受けたとりさは解釈し、かえがよく脇坂へ申し上げたとする。

また三位と宰相を同時に願いあげたため、寔子が立腹して体調を崩したという記述「三位宰将一時ニ御願被仰上夫より大変と相成　台の上の御立腹容易成せられす三日計も御上りも常とハ御違被遊強御かんしゃうはつし御持病おこらせられ御ふかへにあらせられ」もみられる。これは一回目の内願の時のことであろうか。

もう一度「島津斉宣極内密用留」に戻り文政十年正月十四日以降を確認していきたい。同月二十八日「氷川方より申上候下書」に「かえよりも申上候事承知仕」とあり、りさもかえも動いていることがわかる。かえのほかに大奥向では家斉付上臈飛鳥井・御年寄瀬川、寔子付上臈花町・中年寄佐川が交渉の相手として名前の記載がある。剃髪のことで暗礁に乗り上げた後、文政十三年八月佐川に再願書を差し出す。九月八日の「氷川より御渡封物御請申上候下書」に「心願之義、瀬川迄御差出被下候處引受宜しく、土印（土岐朝旨）も能く受申候由」とあり、「風のしるへ」も「上向御調子合御糸引致し候間、飛鳥井殿土岐豊前守請もよくまんまと御成就被遊候」と結ぶ。瀬川と飛鳥井の混同はあるが、大奥向と中奥向ルートが有効に機能したことがうかがえる。

天保元年十二月の昇進御礼の下書で斉宣はりさとかえに感謝の意を表している。

初而之起り申上候義かへ姉世話、ケ様ニ罷成事不浅忝仕合ニ存申候、かゑ事も段々之世話ニて厚ふ〳〵忝そんし申候

これによると事の起こりはりさの世話よりはじまり、かえも次第に糸引きに積極的に参画していったこととなる。さらに、「風のしるへ」の別の個所で、次のようにある。

> 三位様御願一条前未とも惣領倅源五郎万事御取扱致候、其證古ハ被為召候節御用番御玄関より伊木七郎右衛門殿御為知被成下候、御文通取持致居候、追て御献上物に御内々御伺ニ而御閑道より皆御指図被為在御内通申上御都合よく思召通ニ相納り候事

りさは重豪の三位昇進を閑道により成就した自分の功績として強調しており、息子の源五郎も文通の取持ちをしたと記す。

さて、今回の内願では寔子から直接家斉へお願いをする「御直御願」が登場する。御台所から将軍へ口頭でお願いするということで、いわゆる禁じ手といえるが、御側御用取次である土岐までもそれを仄めかしていることは驚きである。

二　近衛家と島津斉宣の薩摩下国

島津家と近衛家との関係は初代忠久が近衛家の下家司惟宗氏の出身といわれることからはじまる。島津荘は万寿年間に開発され、関白藤原頼通に寄進され、領有権の争いを経て平安期には近衛家領として確定された。忠久は源頼朝から島津荘（薩摩・大隅・日向にまたがる大荘園）の下司職（後に地頭職）に任命され、島津を姓とした。江戸時代に入ると、島津氏は近世初期に琉球を征服しその支配を幕府より認められ、薩摩藩主である島津宗家は、鹿児島の鶴丸城を本拠とする七二万八〇〇〇石の外様大名となった。

近衛家は藤原氏の嫡流で、五摂家の筆頭に当たり、当主は内大臣、関白、摂政となる。江戸時代に入ってからの島津家と近衛家との関係は、次のように緊密なものであった。三代藩主綱貴の娘亀姫が近衛家久に嫁ぎ、亀姫の死後姪の満姫が後室に入る。重豪の娘茂姫は近衛経熙の養女となり、寔子という諱をいただいた後、一一代将軍家斉と婚儀を行う。斉宣の娘で斉興の養女となった郁君は、幕末の朝廷においてキーパーソンの一人となる近衛忠熙に嫁ぐ。忠熙は斉彬の実子として届けられた篤姫の養父を引き受け、篤姫は一三代将軍家定の御台所となる。安政元年（一八五四）、斉彬の子虎寿丸と忠熙の娘信姫との婚約が成立するが、虎寿丸の死去により婚姻には至らなかった。近衛家は六代、一一代、一三代将軍の御台所（天英院・広大院・天璋院）を排出するが、実子は天英院のみで後の二人は島津家からの養女であった。

重豪没後の天保六年に斉宣は鹿児島へお国入りを果たす。隠居前の文化年間に帰国して以来、実に四半世紀振りの事である。斉宣が国許の藩士たちと結びつきを強めることを警戒した重豪が、その生前は帰国を承諾しなかったといわれている。重豪没後は藩主斉興の実父斉宣が藩内の最高位となり、調所は斉宣の機嫌を取るために寔子の生母の実家筋の市田義宣を家老に復帰させ、斉宣のお国入りの根回しを幕府に働きかけさせたと新福大建氏は説明している（新福・一一〇―一一三）。

斉宣は鹿児島下国途中に京都へ立ち寄り、近衛忠熙に嫁いでいた娘郁君と対面する。文化六年（一八〇九）に生まれた郁君は、近衛家との縁組に際し藩主である兄斉興の養女となり、文政八年忠熙と婚礼をあげた。天保九年（一八三八）八月に生まれた忠房の生母は、郁君といわれるが、一方で家女房という説もある。郁君は嘉永三年（一八五〇）三月に死去した。郁君の老女藤田は郁君死去に伴い剃髪して得浄院と名乗っていたが、篤姫が家定の正室となる前段として忠熙の養女となると、還俗して幾島と名乗りを替え篤姫付老女となった。

すてに溪山様《斉宣》御下国の節近衛様へ御立寄、御親子様御間ニ被為渡候へ共、雲上へ御近々敷と申事ハけして右様へ御洩し不被遊候様、夫か直ニ又江戸へひゝけ候得者甚御めいわく被遊候と申事と御打合被為在候、溪山様御対面の節常ニも一通り御機嫌御伺遊ハし候とのミ御咄あらせられ候様ニと、かた〳〵御打合あらせられ事ハ御取次上候故よく伺居候、左有事を御やしきより御閑道有之證古を以御ふれ被成、嶌沢氷川へハかたく通路不致候様ニと申沙汰有之候間、通路不相成とよくも被仰候事とさみし居候事ニ御座候、上へも此訳を以御閑道已来ハ御通路出来不申と申上、

右の文章の解釈は難解であるが要約を試みたい。斉宣は下国の途中近衛家に立ち寄るが、たとえ親子の関係でも「雲上へ御近々敷と申事」は決して洩らしてはならず、対面も一通りの御機嫌伺いのみの話をするよう打ち合わせた。この「雲上へ御近々敷と申事」とは寔子への閑道取次を指すと思われる。閑道取次が行われていることは秘すべき事柄であるが、どこかの「御やしき」からその証拠が出て公にされ、嶋沢・氷川（りさ）への通路が閉ざされた。

しかし、斉宣下国一条は「御閑道御用取扱候条々」のなかに含まれていることから、後半部分は少し時間が経ってからの話しかもしれない。斉宣の薩摩下国実現に閑道取次も何らかの役割を果たしたと思われるが、具体的な事柄としては次のようにある。

御国御逗留中数度御閑道御便御取次申上、御請も両三度私方より御廻し申上候、御留守中御子孫方御疱瘡御尋等も皆御閑道より廻り申候、御道中御同配不残御取次申上、御帰府後皆嶌沢戴私方ニ取持致居候

りさは閑道取次として斉宣が鹿児島滞在中、手紙のやり取りを数度行い、子どもや孫たちの疱瘡の報告を行った。このような日常的な出来事までも閑道より知らされたことを強調している。

京都の郁君のもとを訪れた斉宣が、次に立ち寄ったのが岡山の御後園（現後楽園）である。岡山藩池田家には斉興

の次男、つまり斉宣の孫斉敏が養子に入っていた。斉宣は十月六日前日宿泊した備前国片山を出発し、長船で船に乗り換え午後二時頃御後園の船着場へ到着した。岡山藩では早朝から準備に追われ、藩主斉敏が御成門で出迎え、斉宣と御茶屋に入り料理が振る舞われた。それから庭園内を散策し、音楽の饗応を受け、午後八時頃斉宣は今晩の宿である坂井町本陣へ向かった（神原・二〇〇三）。

さて、『鎌田正純日記』より斉宣の旅程と鹿児島滞在の様子を確認しておきたい。天保六年六月二十三日、斉宣に先立ち世子斉彬が鹿児島に到着した。それから遅れること約四ヶ月後の十一月六日斉宣は鹿児島に到着し、矢来門より御殿へ入る。斉宣が入ったのは鹿児島城内の御殿と考えられるが、滞在の多くを磯邸で過ごしており、その準備が十月中頃よりなされている。

翌日久々に諸士は斉宣に御目見する。十九日には斉宣・斉彬揃って犬追物を見物する。鎌田家は犬追物を伝承する家柄であり、正純はこの日のセレモニーを実行したのであろう。天保七年、鹿児島での正月は隠居斉宣・世子斉彬を迎えて晴れやかなものとなり、十五日に一門・諸役人・諸士までが御目見を果たす。その後正純は数度、磯邸に居る斉宣に召される。二月十九日斉彬が発駕し、江戸へ向かう。斉宣は六月二日に知覧を訪れ、七月六日には磯邸で花火を打ち上げて楽しむなど大祝宴を行った（新福・二〇一三）。九月朔日に磯邸より直に出立し、江戸への帰路についた。

鎌田正純は自分と関わりのないことは記載していないので、鹿児島での斉宣の行動すべては把握できないが、磯邸でのんびりと過ごし藩政には関わりをもたない様にしているかに感じられる。斉宣と斉彬が同じ時期に帰国しているのは何か意味があったのだろうか。

近衛家の老女村岡（諱は矩子）は大御台所寔子よりの誘いで、天保十一年江戸下向を果たす。江戸での吉原遊興の様子をりさは描いている。まずは辻ミチ子氏の論文（辻・二〇〇〇）を参考に、村岡の経歴をまとめておこう。村岡は大覚寺の家士津崎左京の娘として天明六年（一七八六）京都嵯峨に生まれた。十二、三歳の頃に近衛家に仕えるようになり、中﨟を経て老女となり村岡を名乗った。老女となった村岡の務めは主である近衛忠熙に諸事を取り次ぐことで、老女の段階で処理するものなど内容により仕訳をした。篤姫（天璋院）は将軍家定との婚儀のため近衛忠熙の養女となり、江戸城に入った。その折、御付女中幾島の待遇について一悶着あったが、幾島が老女（局）となれるべく村岡は家定付老女歌橋に働きかけた。また、村岡は勤王の志厚く梅田雲浜と交友があり、水戸藩士鵜飼吉左衛門、月照など近衛忠熙に入説をする者の仲介をし、月照と西郷隆盛の京都脱出を助けている。そのかどで逮捕され、江戸に連行され取り調べを受けた。安政の大獄に連座して押込三〇日に処せられたが、許されて京都に戻り嵯峨の直指庵で余生を送り、明治六年（一八七三）八月に享年八十八歳で死去した。

辻氏は直指庵所蔵の村岡自筆「道中日記」を典拠として江戸下向の模様を詳述している。天保十一年一月二十七日村岡は、中﨟おより、下女二人を供に京都を発した。各地で寺社に参詣し、各宿場で名物によってもてなされ、到来物はすべて頂戴し、二月十七日に品川に到着した。そこで花町の取次で寔子からの御重一組の御馳走をいただき、田町の薩摩藩邸に入った。斉興付老女小の嶋と同表使平野らが世話係に任命された。翌日以降、諸大名家などに到着の知らせを出すと、知らされた相手方からは菓子などが届けられた。二十六日には近衛忠熙の使者として芝藩邸を訪れ、世子斉彬に対面し饗応を受ける。この時藩主斉興は、参勤交代で鹿児島から江戸に戻る途中で、江戸藩邸を不在としていたため、斉彬が挨拶を受けたのだろう。

三月二日にはいよいよ江戸城西丸に登城して大御台所寔子と対面し、忠熙の口上を申上げ、西丸老女に挨拶して饗応を受ける。天保八年の将軍代替りの祝儀で忠熙が江戸に下向した際、家斉と対面した上段御座所や御部屋を拝見し、吹上御庭も散策した。家斉や寔子から結構な品を様々戴き、この日は深夜に宿舎である清水邸に帰った。

近衛家養女の嫁ぎ先である仙台藩伊達家、忠熙母の実家尾張徳川家を訪問し、増上寺に参詣し、鹿島神宮祭礼、狂言見物、花見、舟遊び、花火とあらゆる遊びに興じている。りさはこのことを「近衛様へ御縁御座候所々御下やしき其外不残被参向々ニてことの外の御物入御難義ニ被為成候由、其節残る處なくもてかへし江戸中見物所ハ残る所無」と表現している。

二十日には小の嶋の案内で向島に行き料亭「大七」で夕食を食べ浄瑠璃を楽しんだ。それからいよいよ吉原へ繰り出し、「信濃屋」で花魁二人、芸者八・九人を揚げて遊び、「玉屋」でも部屋を見物し酒や菓子、夜食などを食べ、夜も明けなんとする時刻に旅宿に帰った。

よし原なその節者女屋二軒ニて漸々納り候よし、百三十人一座と申事ニ御座候間、よもや左様ニハ有ましく、夫ハ薩州様の御事故雑人多惣人数左程ニ候半と申上候所、左ニ無一座右候通と其場参り候者咄し一統きもをつふし候、

遊女屋二軒でようやく収まり、一三〇人一座と聞いたが薩摩の事なので大げさな表現だろうと思っていたら、実際に同行した者からその通りと聞かされ肝をつぶした、とりさも述べており、驚愕する豪遊振りであったのだろう。

扨もおそろしき工ハ猪印其御調子ニ気付、当秋末何も御用無ニ人ハしらぬ物故、御東様御用あらせられよしニ申立、村岡外ニ重キ女中壱人もつとも右両人へ付添へ男女有之下向被致候様ニ取組、莫太成る御物も入（中略）、京都の人は金銀さへつミ候へ者何ニ而も承知いたし候間、

村岡が江戸に向かった目的は寔子の誘いで西丸御殿を見学するためといわれているが、「風のしるへ」によると猪

飼央の企みで、「御東様」（寔子）から用があるように申立て、村岡の下向を仕組んだ事になっている。村岡の豪遊費用はすべて薩摩藩が負担したのか膨大な出費となった。内願か何か頼みごとがあったのだろうか、京都の人は金銀さえ積めばなんでも承知すると結んでいる。

三　老中松平康任の失脚と勝姫

老中松平康任の失脚要因として仙石騒動と竹島事件の二つを挙げることができる。二つの出来事はほぼ同時期に明るみに出て、天保六年老中首座であった松平康任は強制隠居並びに永蟄居となり、翌年同家は石見浜田から陸奥棚倉へ転封となった。斉宣娘（斉興養女）閑《しつ》姫（勝姫）は康任の嫡子康壽と婚礼をあげ、天保二年に康壽が死去したことにより貞鏡院と名乗りを改めた。事件発覚時も未亡人として江戸の浜田藩邸に留まっていた。

ここで仙石騒動・竹島事件の概要をまとめて置こう。仙石騒動とは、出石藩仙石家に起こった藩政改革を巡る御家騒動で、改革派で上米・生糸専売などを掲げた大老仙石左京と守旧派の家老仙石造酒らとの対立である。六代藩主仙石政美が病死し弟久利が家督を継ぐと藩は路線を変更して左京は政治の場から遠ざけられるが、守旧派内部の対立により、左京が政権に返り咲き改革路線をさらに推し進め、守旧派の一掃を図る。さらに左京は天保二年に筆頭老中松平康任の姪を息子小太郎の嫁に迎えた。これに対し翌三年仙石主計（造酒嫡子）、酒匂清兵衛、荒木玄蕃、原市郎右衛門の四人が上書を政美・久利の実父で先々代藩主久道に差出し、左京が小太郎を藩主に据えようとしていると主家横領を訴えた。しかし、久道は全く相手にせず、逆に四人に隠居・逼塞を命じた。

同じ造酒派でこの行動の首謀者であった河野瀬兵衛は半年後に藩を追放された。瀬兵衛は江戸に上り天保四年、一門の旗本仙石弥三郎に上書を提出して訴え、この上書は久道夫人軽子（酒井忠恭娘）の手に渡った。瀬兵衛は但馬代官領にまで逃げたが、出石藩は捕縛し死罪とした。本来幕府領での捕縛には幕府の許諾が必要で無断捕縛は違法であったが、左京は老中松平康任にこの事実をもみ消してもらう。瀬兵衛を仙石弥三郎に引き合わせた弥三郎の家臣神谷転は身の危険を感じ、普化宗一月寺の門下となり、江戸に潜伏していたが南町奉行所に捕縛されてしまう。町奉行は神谷を仙石家に引き渡そうとするが、一月寺が異を唱え寺社奉行に訴えたため幕府が介入することとなった。

将軍家斉が仙石騒動を知った経緯として、久道夫人軽子が実家である姫路藩邸に赴き相談したことが、嫡子酒井忠学の正室で家斉の娘喜代姫経由で家斉の耳にも達したと勘案できる。この時も将軍への情報伝達として奥向ルートが機能したことになる。家斉はこの騒動を担当する責任者に寺社奉行脇坂安董を任命し、脇坂安董は松平康任に対抗し、権力掌握を狙っていた老中水野忠邦とこの騒動の解決を図る。天保六年仙石左京ら一三名は江戸出府を命じられ、左京らは獄門に処せられ、出石藩は五万八〇〇〇石から三万石に減封となった。

竹島事件は、浜田藩松平家を舞台とした密貿易事件である。幕府は各藩が私的に外国と貿易することを禁止していたが、回船問屋で浜田藩御用商人会津屋八右衛門は藩財政を建て直すために密貿易を提案、藩は地の利を生かして李氏朝鮮と密交易を行った。更にスマトラ、ジャワなど東南アジアへまで足を伸ばして貿易を行った。この密貿易は天保元年頃から同七年まで続けられ、国家老岡田頼母、国年寄松井図書も関与しており、藩主松平康任も黙認を与えていたとされる。目論見どおり巨利を得て藩財政再建に成功しかけたが、幕府隠密の間宮林蔵に密貿易を探知され発覚してしまう。

天保七年六月、大坂町奉行の手によって頼母の家臣で藩勘定方の橋本三兵衛と会津屋が捕らえられ、十二月に処分が幕府より言い渡され、頼母、図書は切腹、橋本三兵衛と会津屋は斬罪となった。

薩摩藩島津家は老中である松平康任との結びつきを強めるために、閑姫を嫡子康壽に嫁がせたが、康任が水野忠邦との閣内での勢力争いに敗れ失脚したことにより、同家と縁続きであることはむしろマイナス要因となってしまった。尚且つ薩摩藩も密貿易を行っていたので、浜田藩の一件は他人事ではなかったといえる。そこで、閑姫（貞鏡院）を島津家に大帰させるために、次のような措置がなされた。

周防殿御一件初り御家の御習ニて貞鏡院様御定認を被為立御附添御世話被為進度、御願はすニ候へ共、いかにも御趣意大変ニ而大御台様御外分にもかゝらせられ、且殊により御家の御風聞もよろしからすと御内々御沙汰ニ而猪飼へ御談し申候、貞鏡院様御手当金之内を御実意を以当時御手元御難渋の御入用ニ被為進候を御操の御趣意として、御取もとしに被為成、是も桂川、周防殿御重役懇意の人御座候故、取計相済金子御引渡し者桂川宅江当朝芝より御廻しにて即刻周防殿御家来へ御引渡し申候、其後勝姫様と御改名被為進御くしの御かざり御召にも　上より被為進御心ニもあらせられす無御據御姿も直させられ候由

「周防殿」（松平康任）の一件は、「大御台様」（寔子）の外聞や島津家の風聞にとっても宜しくないということで、内々に猪飼央へ相談し、貞鏡院の手当金（実家よりの仕送り金）を当時金銭に困っていた松平康任家中へ渡すことで引き取ることとした。その取り次ぎ役を担ったのが幕府奥医師（蘭方医）桂川甫賢で、桂川が康任の重役と懇意であったので、桂川邸を取引の場とし、「芝」薩摩藩芝藩邸から金子を運び康任の家来へ渡した。その後貞鏡院は還俗して勝姫と名を改め、髪飾りや衣服も元に戻した。

家定の三人目の正室捜しで、幕府に候補者はいないかと尋ねられた島津家は、現在勝姫しかいないと返答をしている。将軍世子の正室に一度嫁ぎ前記の事情で戻ってきた勝姫を押すことはできなかった。勝姫はその後再婚することもなく、厄介と記述され島津家に留まった。参勤交代制緩和が実施され、斉彬の娘で忠義夫人となる暐姫と寧姫が文

久二年十月国許へ赴くに際して勝姫も同行し、翌三年正月鹿児島へ赴き、玉里邸に引き移った。

江戸時代も時代を経るに従って、大名家では正室の実家の方が、家格が上である傾向が強くみられるようになった。しかし、島津家の婚姻政策は、この一般的な傾向とは異なり、独自の路線を敷いていた。初代藩主家久から一二代忠義までの一三人の正室・後室の出自をみると、島津家より家格が上といえるのは将軍養女である竹姫（継豊後室）と一橋家より嫁いだ保姫（重豪正室）・英姫（斉彬正室）の三人のみである。子女についても一門や家臣に嫁ぐ（養子に入る）ことが多く、地盤固めや一族の結束を重視していた。この従来の婚姻方針を大きく転換したのが重豪で、重豪・斉宣・斉興三代の子女の縁組先をみると、家督を継いだ男子や一門へ入った者を除くと、西国・四国・九州の外様雄藩や老中を輩出する譜代藩が多く見受けられる。婚姻関係を外交と捉え、勢力を外に向けて拡大するとともに、縁組が薩摩藩島津家の利益と結びつくことを重要視している。

勝姫の縁組も当然この視点で行われており、義父松平康任は老中で、重豪の三位昇進では老中首座水野忠成への橋渡しを行い、薩摩藩の琉球口貿易では有利に働くよう手を貸してくれている。しかし、康任が失脚すると手の平を返したように、余波が及ぶのを警戒して縁を断ち、勝姫を取り戻した。勝姫の心情を推し量ることはできないが、実家の政策に翻弄された一生であったといえる。

四　琉球口貿易

薩摩藩は財政再建の一助として、また二人の隠居、重豪と斉宣の生活費をまかなうため、密売も含めた琉球口貿易を活発にして利益を上げることに力を入れた。それに深く関わったのが調所笑左衛門広郷である。琉球口貿易とは琉球を介して入手した中国の産物（唐物）を江戸や上方などで販売し利益を上げることである。幕府は長崎貿易と競合することから厳しく制限を加え、文化七年以降は自らの支配下にある長崎会所に産物を運び込ませて販売させることにした。

薩摩藩の琉球口貿易について、芳即正氏（芳・一九八七）や徳永和喜氏（徳永・二〇〇五）の著書を参考にまとめておきたい。薩摩藩が慶長十四年（一六〇九）年に琉球へ武力侵攻し服属させ、幕府の許可を得て管轄することとなる。琉球王国は中国と朝貢貿易を行っており、薩摩藩は貿易拡大を企図し隔年ごとに二隻の進貢船と一隻の接貢船を派遣することを中国に認めさせた。薩摩藩はその朝貢品を販売しての利潤を得るようになる。進貢の輸出品であるは昆布・いりこ・干鮑など俵物を確保するため薩摩藩は松前から越後で密買を行った。進貢船によってもたらされるものは絹製品・丁子・生糸・鮫皮・薬種など多岐にわたった。

貞享三年（一六八六）に幕府は琉球口の貿易額を二〇〇〇両に限定し、はじめて薩摩藩の交易に統制を加える。元禄二年以降薩摩藩は京都に琉球唐物問屋を設置し販売に当たらせていた。寛政十二年、薩摩藩は琉球唐物の薬種の他領販売願いを出すが、願いに対し幕府は薩摩藩自国用も認めず、薬種の輸入を厳禁とする。

文化七年、琉球口貿易が長崎会所貿易に編入され、そのなかで八品目（薄紙・五色唐紙・鉛・羊毛織・丹通・緞子・猩燕脂・花紺青）を三ヶ年売買することが薩摩藩に認められた。品目増加のため調所笑左衛門は文化元年から文政三年まで一七年間に一〇回幕府に請願を行い、重豪自身も寺社奉行脇坂安董、西丸若年寄有馬誉純に強く働きかけを行った。新福氏は「重豪は娘が御台所であることを利用し江戸城大奥から幕閣に働きかけ貿易拡大に成功した」と述べているが、この時期のことを指しているのだろうか。その結果、文政八年には免許品目一六種類、銀高一七二〇貫目となる。さらに文政十二年には藩主斉興が老中水野忠成に一〇年の年延願いを出し五年の年延が許可される。天保五年、今度は老中松平康任に永続商法の確保か二〇年の年延を願い、七年に年延二〇年が許可される。薩摩の攻勢とそれを黙認する老中水野忠成と松平康任の存在により、琉球口貿易は順調に推移していた。

正当な方法で貿易を拡大する一方で、琉球口貿易を隠れ蓑にして、長崎貿易であぶれた唐船から貿易品を買い取り、越後新潟港を利用し東北地域や江戸・上方で販売する密売も活発化させていった。天保六年十一月薩摩密貿易船が長岡藩領新潟港（村松浜）で遭難する。その積載荷物である禁制の唐物（薬種・毛織物・べっ甲等）が流通したことが翌年江戸で発覚し、江戸町奉行筒井政憲の裁判を受け、重大抜荷事件に発展する。同年四月薩摩藩は幕府対策として金一〇万両の上納をしたが、この抜荷事件により天保八年に薩摩藩の長崎会所での交易の停止が、幕府より斉興に申し渡される（実施は天保十年からで十年も九年の売れ残りの販売が認められた）。また、同十一年にも新潟港で唐物抜荷事件が起き、新潟港は長岡藩領から幕府直轄に上地となった。

この時、薩摩藩側に立っていた二人の老中の内、水野忠成は天保五年にすでに死去し、松平康任も翌六年に失脚してしまっていた。取り締まり推進派である老中大久保忠真と長崎奉行久世広正の努力の結果、交易は停止されることとなった。その背後に水野忠邦がおり、この一件も天保の改革の一環とみることができる。

この事態を打開するため薩摩藩は天保九年に入ると、差し止めの停止と再開を願う嘆願書を、留守居半田歳典が繰り返し幕閣に差出した。翌十年に入っても薩摩藩の嘆願は続けられ、その一つの経路として大奥を介しての内願の様子が「風のしるへ」にも記されている。そのなかに「新規奉行田口」という文言があることから記載内容の年代を推察することができる。田口喜行は薩摩藩に対し厳しい対応を取っていた久世広正に替わり、天保十年四月長崎奉行となった。二年後の四月勘定奉行に昇進したが、在任わずか一ヶ月で、長崎奉行在勤中に高島秋帆より物品を収賄したことにより御役御免となった。

交易御願は桂川を以台の上ニハ一向いさゝか御存あらせられぬ積りニ而為申候様ニと御内々御沙汰ゆへ、右之通薩州様より御直ニ被御願申候積りに申出し候處、案外と町印大はまりにてすくニ瀬山殿へ談し合大方御都合宜敷、水美濃殿より三度迄御錠口ニおいて御模様よろしき由、御内意被仰上候、町印大悦ニ而甫賢早々ニ薩州へ此段御通し被成、元のとをりニハ不参候へ共、二品三品げんじ候て相済可申趣と数度甫賢へ被仰聞候得とも、猪印外筋をこしらへ壱万石の種ニ被致候積りニ而嶋津も手たりす調所も届ぬ積りニて御自分壱人の手柄ニ致候積りなから、大奥の御調子夢ニも左様とハ心不附御閑道さへけちらし候へ者よくと油断候内もはや暮と相成、町印大立腹ニ而大方御錠口江御断帰しニ而も被成候や（中略）致方御座なく甫賢もて餘し町印へ御答ニ、江戸ニも重役居候而其事取扱候へとも御国へ参り居候調所笑左衛門守役ニ而取計候間、其者参勤無てハしかと相成り不申と餘りニせん方無まゝ左様御断申置候と、再度〳〵其人ハまだ来ませんか〳〵と御さいそく段々月廻致暮近く相成候へ（中略）

交易願いの件は当初、御台所寔子は通さず、桂川甫賢を仲介とし薩摩藩より直に御願いするつもりでいたが、以外にも花町が乗り気となり、すぐに家慶付老女瀬山に相談し、瀬山が御錠口で水野美濃守忠篤と三度会い内意を受けることができた。元の通りにはいかないが、二・三品減じれば済むとの情報を花町から甫賢経由で猪飼へ伝えた。しかし、猪飼は他の家老島津久宝と調所笑左衛門を指し置き自分一人の手柄にしようとして返事を先延ばしにしていた。そこで致し方なく甫賢が花町に江戸にも重役はいるが調所でないと取り計らいができないと取り繕ったので、花町からその人は江戸に来たかと繰り返し催促があった。そのうちに暮れになってしまい、花町も立腹して御錠口に話を返した。

この続きを要約すると次のようになる。そのうち調所が参府してきたので（参府時期は不明）、桂川からもりさからも文通したが一向に返事がない。このように「上々様」を粗略に扱うのは何か訳があるのだろうか、一度会って訳を伺いたいと伝えたがやはり返事がない。これが「御国風」というものかは知らないがあまりの違いと笑うしかない。御目にかかって話しをしなければ分りあえないが致し方ない。寔子の威光をくじき、他よりも色々と手を回すため、水野忠篤も不審に感じ、花町と瀬山も申し合わせてこの交渉を断った。その不審から、評議は一時金の支払い額三〇〇〇両へと移り替わった。また、新規に長崎奉行となった田口喜行と水野忠篤は何か繋がりがあったようである。交易の一件は松平康任の取り組みが良く、その後尻すぼみとなった。

今まで述べたことは「上々様」（斉宣・斉興・斉彬らを指すのか）は知らないことであると結んでおり、表面に出ることがなかった交渉事といえる。薩摩藩の家臣間で足並みが揃っていないことが露呈されており、互いに功名を争ったがために、折角順調に進んでいた大奥ルートでの交渉の芽を摘んでしまった。また、寔子の威光をくじくようなこと、つまり同じ大奥ルートでもお美代に取り入り事を進めようとした者がいたことが考えられる。この琉球口貿易一件は「御閑道御用取扱候条々」に含まれていないことから、りさ→嶋沢の森山家ルートは機能しておらず、りさは関わっていなかったといえる。

さて、交易差し止めの決定は動かず、天保十一年より十三年までの三ケ年は金五〇〇〇両が下賜されることとなった。水野忠邦失脚後の弘化三年、琉球からの嘆願もあり長崎交易の免許を再び得ることができた。

五　八戸藩南部家への養子縁組と家格向上

りさは閑道が思い通りに機能し、物事がスムーズに運んだ好例「この御箇条なぞは誠に的前の事に御座候」として、重豪の息子篤之丞（後の南部信順）が八戸藩南部家に養子に入った一件を挙げている。

八戸藩南部家は盛岡藩南部家の分家で、二万石の外様小藩である。上屋敷は麻布市兵衛町に四五〇八坪を拝領している。九代藩主信真は寛政八年に家督を相続し、四六年間藩主の座にあった。藩政改革を実施し、家格向上にも熱心で文化年間から天保年間にかけて、築城願や高直しを度々幕府に願い出ている。しかし、成功には結びつかなかった。

信真は子宝に恵まれたが、天保四年十月に嫡子信経が死去し、跡継ぎとなった次男信一も同八年十一月二十二日麻布上屋敷で死去してしまう。男子の相次ぐ死去により八戸藩南部家は養子を迎えなければならない事態に陥った。同九年四月二十七日、薩摩藩島津家より篤之丞（信順）を養子に迎える許可が幕府より降りた。信順は信真の娘で、天保七年九月十三日江戸で誕生し、この時数え年わずか三歳、年齢差二十二歳の鶴姫の婿養子となった。信順は同年十月九日麻布市兵衛町上屋敷に引き移り、同十三年に家督を相続し、嘉永三年鶴姫と婚礼式を挙げた。信順引移りの二日前の十月七日に八戸藩南部家は蝦夷地沿岸警備の功を理由として城主格となった。さらに、信順は広大院の実弟である由緒柄により、安政二年（一八五五）に従四位下に昇進している。

ここで信一死去の天保八年十一月から、信順引移りの同九年十月までの経緯を「風のしるへ」と「八戸南部家文書」（以下「八南文書」）より詳細にみていきたいが、本題に入る前に信順という人物について整理しておきたい。文化十一年正月、重豪と側室曽美（杉浦政信娘）との間に生まれた末子は虎之助と名付けられ、後篤之丞と改名する。曾孫斉彬より年下の男子の誕生であった。重豪は一〇万石以上か溜詰クラスをその養子先に望み、文政九年十月宇和島藩主伊達宗紀に虎之助の養子話を持ち掛ける（藤田正・二〇〇六）。これ以前に一旦断られていた重豪は御台所寔子と将軍実父一橋治済の権威を借り再度申し入れをした。宗紀もやむを得ずこの話を飲み、虎之助の養子縁組がほぼ決まりかけた。しかし、藩内では伊達家の血脈を守るため養子は血縁者を優先すべきという評議に決し、老中青山忠裕を介して島津家へ養子縁組破談を申入れ、島津家側もこれを了承した。宇和島藩では後に旗本山口家から養子を迎え、藩主の座に就いたのが宗城である。

その後具体的な養子話はなかったようであるが、部屋住時代の信順には妾と子どもがいた。信順の娘お朝（八百姫）は天保十年十二月に分家の一つである日置家の実子養子（実際は養子であるが、幕府や藩に実子として届け出る）となり、垂水家の嫡子島津貴教と縁組をした。婚礼はしばらく経った嘉永四年三月に執り行われた。お朝の生母は幕府御広敷伊賀者渡邉昇右衛門の娘よきで、出産時は十九歳、お朝誕生後は暇となり音信不通となった。

南部伊勢守（信順）様末高輪鶤之渡御住居之内、御妾腹御出生之お朝様御事、此節島津但馬（日置家、久風）殿実子之筋仰付、讃岐殿嫡子島津又四郎（垂水家、貴教）江縁組被仰付候旨（後略）（『鹿児島県史料　旧記雑録追録　第八』）

部屋住時代の信順は高輪邸の一角の「鶤之渡」と呼ばれるスペースに住居している。重豪死去後、斉宣は高輪邸に引き移っており、兄弟は同じ屋敷内にいたことになる。よきの父親が大奥の警備に携わる広敷伊賀者であることから、よきを信順にあてがったのは、寔子を背景とする大奥関係者の可能性も考えられる。

八戸藩の麻布市兵衛町上屋敷には土俵があり、文政九年二月九日に開かれた相撲には、隠居斉宣（溪山）やその子弟が訪れた。そのなかに信順もいたのかはあまり問題ではなく斉宣と信真が交友関係にあったことが重要である。

これらの要因を頭に入れ南部家との養子縁組一件をみていきたい。天保八年十一月二十二日八戸南部家嫡子信一は死去し、十二月七日に公式に喪が発せられた。その間の十二月六日に斉宣より信真へ書状（「八南文書」34）が送られた。差出と受取はないが、文中で篤之丞を私の弟といっていることや、高輪より楓台への書翰と記された束のなかにあることから、斉宣から信真への書状と判断して間違いない。この書状の内容は、自分の心情を正直に申し上げると、弟篤之丞の養子が実現できずほかから貰うようなことがあれば心願の後押しはできない。篤之丞もすでに二十五歳であり養子の口がなければ国許に送り家臣に落とすしかないと、脅しと泣きを交えた文章となっている。冒頭に「先刻之御答」とあるように、その前に信真から家格向上の内願を後押ししてほしいとの依頼があったものと勘案できる。このように、縁組の話は信一の死去後すぐに進められていることから、信一の病気中から内々に準備がはじまっていたものと考えられる。また、信順の養子一件と八戸藩の家格向上は最初から一体で動いていたことがわかる。

その次が藤田俊雄氏（藤田・一九九五）や千葉一大氏（千葉・二〇〇九）も引用している十二月八日付の大御台所寔子の内意を伝える書状（「八南文書」14）である。寔子の内意の箇所を要約すると、信順の実父重豪は生前一〇万石以上か溜間詰クラスを養子先に望んでいたが、将軍の子弟であっても運次第の昨今であり、高望みをしていれば縁遠くなり歳を重ねるばかりである。大名席に連なることが肝心であり、石高が低くでも是非取り組むようにせよ。亡くなった重豪への言い訳は自分があの世でするので心配しないよう念を押している。

さて、ここでは両氏が明言をしていないこの書状の差出と受取及び内用のルートについて加筆したい。結論を先にいえば、この書状は文中に「嶋沢」という名前が記されていることなどから、りさが認めたものであることはほぼ間違いない。宛先は斉宣の側近でおそらく伊集院中二あたりであろう。表に「御内用　上　御側にて御披露」とあり、斉宣の眼前で披露することを指示しており、実態としては斉宣に差出したものといえる。

乍恐一筆奉申上まいらせ候、上々様方益御機嫌よく成せられ御目出度有難奉存上候、其御所様弥御機嫌よく被為渡候御事、乍恐御めて度奉有難かり候、扨又私事、参殿致御目とをり相願、御直ニ委敷申上又思召様も伺候ニとの御内沙汰之由、嶌沢より申伝へ候へとも、時節柄と申、参上之日限等伺候内ニハ日数もおくれ候事故、乍恐書中を以奉申上候、奥御医師風聞より御内々　御聴ニ入候由、此節小南部様御養子ニも可被為成哉之趣相聞へ候、兼々格別御懇意ニも被為入候段、御承知も被遊候事ニ候へ者、何卒篤之丞様御養子御相談被遊候様ニも可被為成御事ニ候半哉（中略）

私つまりりさが高輪邸の御殿に参り、斉宣公にお目にかかり直に詳しく申上げるよう大御台様の内沙汰を嶋沢より伝えられたが、伺う日取りを調整しているうちに日数がかさんでしまうので、手紙にて失礼する。一刻も早く知らせなければならない重要な案件であることがわかる。ここからは話者の主体が寔子に移る。奥医師の風聞から小南部（八戸藩南部家）が今回は養子を考えていることが聞こえてきた。前々より昵懇であるからこのことは御承知と思うが、どうか篤之丞の養子の相談をしてほしい。「兼々格別御懇意」なのは島津家と南部家という家同士ではなく、斉宣と信真との関係を指すといえる。南部家が信一死後の跡継ぎを養子で考えていることを、寔子は奥医師から斉宣は信真本人から聞いたと捉えることができる。この後に、先に要約した寔子の内意を代弁するりさの文面が続く。

では何故この書状が南部家に残されているのだろうか。それは十二月十日に「輪台より楓台公」つまり斉宣より信真へ差し出した書状（「八南文書」34）に写しを同封したからと考えられる。十日付の斉宣書状によると、大御台所寔子の内意を伝える先の書状は差出しと同じ八日に斉宣の手元に届いたことがわかる。斉宣自身も篤之丞の養子縁組に取り組むことが寔子の仰せであることを強調し、十二日夕方、信一の出棺があり慌ただしいとは思うが、十八日にうかがい委しく話をしたいと結んでいる。十二月十四日付の書状（「八南文書」14）で「小南部様に御口聞」とあり、南部家側から養子の話を持ち出してほしいと追加している。十八日に二人が直接会って話をした内容は残されていないが、ここでほぼこの件はまとまったと推察できる。

十二月二十八日、斉宣は信真へ養子内諾の御礼に鮮鯛を贈り、これからは表向が取り組むことになると告げる（「八南文書」72）。信真との直接交渉により養子の内諾を得るという役目を果たし、斉宣は一息つくことになるが、これからは南部家との約束である家格向上を実現するため力を尽くさねばならない。

手紙を以申上候、甚寒さ砌候處、弥御安全奉賀候、然者此程は御養子ニ弟篤之丞御内談申上候處、御承知被下千万忝仕合存申候、従是幾久敷御親炙可申上と相祝申上候、依而鮮鯛一折使を以致進上候、追々表向御取組可申上候、恐々謹言

十二月廿八日　当賀

猶々御自愛専一存候宜敷相願候、きくへも宜しく、来春十五日後篤之丞同道ニ而罷出候様ニ可仕候、且御咄致し申候、篤之丞と申名ハ従　大御台様被成下候名ニ而御子様とき之内之御名之字ニ而、この御名を被成下候ニ而御座候程、拝顔之節ニ可申上候、以上

左衛門尉様　溪山

申上

尚書には、年が明けて十五日を過ぎた頃に、篤之丞を連れて訪問したいとある。また、篤之丞という名前は「大御台様」が下さった名で、幼少期の於篤という名から字を取り下さったものと伝えている。「きく」は信真の側室で鶴姫の生母に当たる。これ以降の斉宣の書状には大体「御自愛専一存候宜敷相願候、きくへも宜しく」といった文言が添えられるようになる。

年が明けて天保九年正月二十一日、斉宣は末弟篤之丞を伴い、次弟奥平昌高と連れ立ち南部家の屋敷を訪問した（「八南文書」33）。南部家側は信真、宝體院（七代信房室、天保九年六月没）、齢操院（信経室）が出迎えた。これらの人々に加え鶴姫、家老野中頼母、さらに医師や女中衆にまで斉宣は手土産を用意してきた。

この時、昌高が同行した理由として、昌高の娘お美代が信一の許嫁であったことが挙げられる（「八南文書」74）。お美代と信一が縁組をしたのは、天保四年十月に嫡子信経が死去した後と考えられる。縁組を取りもったのが誰かはわからないが、信真と交友があった斉宣という可能性はある。つまり、篤之丞の養子話しが湧き上がる以前に、島津家は奥平家を通じて、八戸藩南部家と遠戚関係にあったことがわかった。

さて、お美代の後日談も興味深いのでもう少し話を続けよう。信一と婚礼を上げることなく死別したお美代は、天保十一年十一月伊予新谷藩主加藤泰理に嫁いだ。この時八戸藩南部家から二〇年間に渡り、毎年五〇両がお美代に送られることとなった。この約束は信真と昌高の間で結ばれたため、お美代が弘化四年に加藤泰理と離縁し、奥平家に戻った後も続けられた。安政二年に昌高が死去したため、当時八戸藩主であった信順が奥平家の中屋敷に赴き、付届金の打ち切りを決めた。

二月二日に斉宣が信真に送った手紙（「八南文書」34）は興味深い内容である。篤之丞の養子縁組相手を三歳の鶴姫にするか、七歳年上の信真の姪にするか二人は迷っていたようである。そこで斉宣は、七歳上は今釣り合うが後々釣り合わない、二十二歳下は後々釣り合う。私は六十六歳で私の召仕（百十）は四十五歳、あなた様（信真）の御召仕（きく）も二十歳くらい下と記憶している。それに娘であることが望ましいので鶴姫を妻と定め、篤之丞の相手はしばらく召仕（側室の意味）で構わないと述べている。鶴姫に婿養子を取ることが大前提にあったのではなく、とにかく養子を迎えるのが先決で、その後に南部家の縁者から妻を選ぶという順序であったことがわかる。

二月十一日斉宣は、梅渓へ差し出した願いの文は「大御台様」はすでに御覧になり、梅渓も大変引き受けが良いので自分は「十の内七ツ」は首尾よくいきそうに思う、という内容の文（「八南文書」34）を信真に送った。おそらくは城主格への内願の件と思われる。しかし、南部家にとっては十の内十でなくてはならないのであって、この件はしばらく時間を要することとなる。

斉宣が十二月二十八日付の文で「追々表向御取組」と述べたように、二月中頃から桜田上屋敷の用人長谷川源内が養子縁組の実務を担当し、南部側の用掛、家老野中頼母、用人中嶋武兵衛と交渉を開始する。三月二日には篤之丞縁組御用掛として家老猪飼央以下次の面々が任命される。御側御用人兼御側役堅山守衛、御留守居半田嘉藤次・近藤隆左衛門、御納戸奉行御広敷御用人兼務菊地藤助、御納戸奉行御小納戸兼務須磨壮右衛門・仙波市左衛門、御小納戸頭取御広敷御用人兼務池田右内、御小納戸頭取御小納戸兼務伊木半七郎、篤之丞様御方御小納戸頭取格田上百二、篤之丞様御方御小納戸格左近□具二郎、御茶道頭奥御茶道上村良節。

四月十九日御用番老中脇坂安董へ養子願書と続書を内覧に入れ、同二十三日願書を差し出す。同二十六日斉宣は林大学に篤之丞の実名を三通り選んでもらい信真へ伝える。同二十七日幕府より養子縁組の許可が下りる（「八南文書―御系譜写」）。

さて、養子縁組の件が片付くと、力点を城主格願いに移行させることとなる。閏四月五日、斉宣は信真へ願書の認め方についての書状を送る。六月四日付の斉宣から信真への書状（『青森県史資料編』）には、その後の状況が中年寄より口上をもって百十（斉宣側室）に伝えられたとある。「随分と引き受け宜しく」とあり経過が良好なことを伝えている。この文については御覧になったら返してくれと書いてあることから斉宣の手元に戻されたのであろう。この時の寔子付中年寄は歌川・嶋沢・花岡の三人であるが、書中の中年寄は嶋沢の可能性が高い。

「風のしるへ」の構図でも述べたように、森山家を経由するルートでは嶋沢から梅渓に上がり飛鳥井へ話を通すとなるが、中間の森山家関係者を省き、斉宣が梅渓と直接やり取りをする場合も見受けられる。梅渓から斉宣（溪山）へ南部家の心願に関する重要な情報を伝える書状（「八南文書」17）が届いた。書写したものではなく、梅渓の筆跡と思われる書状が南部家文書のなかに納められた事情は、取り急ぎ斉宣が翌日出した書状に同封したものと考えられる。この梅渓の書状は重要な意味をもつ。

（前略）此程より御内々仰下され候南部家心願の事、九月中頃には篤之丞さま御引移りニ付、右以前ニ御心願事御成就の様ニ御願仰上られ候との御事、御尤〱ニ存まいらせ候、かね〱飛鳥井方へ厚々御頼申入置候、御如才なく御世話ともゆへ又々此御文の通り委しく御頼申入まいらせ候所、先達而の御願書早速〱其筋へ御達しにてあつふ御たのミ被下候由、又々此細書の趣早々御取扱ひ御談事被下候所、南部家より願書引籠り中ニて差出し不申、右ゆへ其筋ニても御しらへ御取扱ひも成かね候処昨朝先方より差出し候よし、めて度かしく

是より御しらへ御取扱ひニ相成候趣ニ御座候よし、御内々申入まいらせ候、何卒〱御引移以前御成就御座候様ニ御念し申入まいらせ候、いつれ〱御めてたく御成就に御座候やうニと、くれ〱御頼申置候事ニ御座候、花町より御返事申入へく候へ共、御内々申入候まゝ其おほしめしニ御頼申入候、飛鳥井方にもよろしく申入度よしニ御座候、扨又御礼申入たさ南部家より御到来持よし御品々御恵被下候、忝さ〱とり〱美しき御反物と申、御重之内ハ御珍らか成御品々ニて取広め候て御賞玩申入、かす〱忝かりまいらせ候、乍去かやうニたひ〱御送り物御座候てハ何と茂〱御気のとくさ申のへかね候、何卒かやうの御心世話成御事かたく御無用の様ニ御たのミ申入まいらせ候、飛鳥井方ニもおなし御事ニ御礼も申入又御送り物の御断も申上度よしニおハしまし候儀ニ、冷気相まし候御厭遊ハし候よふニそんしまいらせ候、何も御内々御返事迄申入まいらせ候、めてたくかしく

松平溪山様へ　　梅渓

人々御返事御申入

南部家心願の事（城主格）は九月中頃の篤之丞引移り前に成就させたい、というのはごもっともなことである。前々から飛鳥井へは「其筋」へ願書を差出してくれるよう重々頼んでおり、抜かりなくお世話していた。よろしく頼んだところ先程の願書を「其筋」に渡し熱心に頼んでくれた。しかし、なぜか南部家からの願書が引籠っていて差し出されていなかったため、「其筋」でも取り調べができないでいた所、昨日の朝先方より差出された。飛鳥井が願書を差し出した「其筋」が誰か迷うところであるが、家斉本人ではなく老中か御側御用取次かと思われる。南部家からの願書はどこかで引籠っていたのだろうか。南部家が差出していなかったというよりは、南部家が差出した人物から「其筋」へ渡っていなかったと捉えるのが妥当であろう。

続いて尚書に、本来は花町から返事することではあるが内々にお知らせする。南部家より美しい反物や珍しい食べ物を戴いて忝い。しかし、このように度々戴くのは気の毒であり無用にしてくれるよう伝えて下さい。飛鳥井も同様に御礼と今後の贈り物はお断りすると申していると記す。

この梅渓の書状には月日の記載がないが、「冷気相まし候」とあることや、話が進展していることから、八月の終わりか九月のはじめ頃に出されたと思われる。飛鳥井が「至極〳〵表方都合向よろしくと承り忝存候へく候」と吉報を知らせたのを、斉宣はすぐに九月十九日、書状（『青森県史資料編』）で信真に伝えている。

九月に入ってから、南部家の心願である城主格がどのように成就していったかは「風のしるへ」にも記載があるので併せてみていきたい。

> 南部家ニ而ハ兼而城主格御願前以出居候へ共、越前殿不承知ニ而済かね居候、戊ノ九月廿四日安芸守へ対面之為嶋沢一夜下り申候、猪飼下沙汰ニ而御聞付被成、御逢被成度と申事ニ候へ共、此度ハかたく御断申候上ニ而も安芸大病ニ而下り事（中略）、其比ハ日々の様ニ御出被成候間、ふと御出ニ而せひ御逢被成度と被仰色々都合致無據御

めにかゝり申候、兼而御心願御ねかひ立ハ被為在候へ共、何分御成就の程慥成らす候處、御供立御乗輿御都合なそ御格式被為済候はた、今のまゝとハ大キニ御相違計の御事候由、私へも毎度被仰聞候得とも上下女中向左様之訳ハ御察し不申、例の筆談もさふ〳〵ハ認かたく、左候ハヾ御直ニ嶋沢へ其趣御演説被成候様ニと申御引合申候、其御趣意嶌沢与得承り、翌日上り委細其通御前へ申上候處、左様事ニ候ハヾ今一応早メ候處を用掛りへ飛鳥印より為申候様ニと御沙汰にて、早速右御訳合被仰解候にて十月九日御引移りに、七日御願通城主格被蒙仰候、
この御ケ条なそハ誠ニ的前之事ニ御座候、御閑道不被為在ハか様ニ御前御世話様被為望申間敷哉と被存候、

南部家の城主格願いは「越前殿」（水野忠邦）が不承知であるため話が進まない。大病となった義兄安芸守盛季（天保十年五月二十七日死去）を見舞うため九月二十四日嶋沢は一晩御城より下がってきた。猪飼央はそれを聞いて会いたいといったが、見舞いが目的であるのでお断りした。しかし、その頃は毎日のようにおみえになり、心願の成就も定かでなく、また供立や乗輿など格式のことは、自分は何度聞いても理解できないので、直接嶋沢に説明されるようにと引き合わせた。その趣旨を嶋沢は確かに承り、翌日御城に上がり寔子に伝えた。そこで事を早めようということになり、飛鳥井より「用掛り」（老中カ）へ話し、疑問などが解けた。十月九日に篤之丞引移り、七日に城主格お願いが許可される運びとなった。さらにりさは、閑道があったからこそ「御前」（寔子）が御世話することができたと、自らの功績を強調している。

「風のしるへ」では話が一気に成就まで進むが、時間軸を少し戻したい。城主格成就には難色を示している水野忠邦を懐柔しなくてはならない。九月に入ると、三月に焼失した江戸城西丸の再建費用を諸大名や諸役人に募る上納金のことに絡め、忠邦の用人や奥右筆大沢弥三郎に賄賂を贈っている。十月四日付書状（『青森県史資料編』）には「昨日水越前、文庫に唐扇子等入付遣し候処、これは受け取り申し候様に存じられ候」とあるように、水野忠邦自身も贈

物を受け取ったことを確認している。城主格に賛成していなかった忠邦は、これまでは贈物も拒否していたようである。

ここに斉宣・篤之丞と信真が大奥関係者や幕閣らに贈り物をした書付（「八南文書」36、日付なし）がある。南部信真から大御所家斉、大御台所寔子、同付老女へ、併せて斉宣（溪山）からも同前及び寔子付中年寄歌川・嶋沢・花岡へ反物等が贈られた（表5）。加えて男性役人では、老中脇坂安董とその用人西村弥兵衛、老中水野忠邦とその年寄岩崎彦右衛門、御側御用取次水野忠篤とその用人黒田仲左衛門、奥右筆大沢弥三郎・田中休蔵、大沢用人若村七兵衛、田中用人秋山貢右衛門・稲留鎌次、幡野保太郎に贈物をしている。前の梅渓の書状からもわかるよう贈物は繰り返しなされているが、この書付けは大切に保管されて残されたことから、十月五日に城主格がほぼ確定となり、斉宣が指示したのを受けてなされた最終的な贈賄行為と推察できる。

十月七日南部信真は登城を命じられ、蝦夷地へ人数を派遣した功労などにより、城主格を老中松平乗寛によって仰せ渡された。いうまでもないが、公式記録には島津家からの下工作があったことなど記されることはない。ましてその背後で動いたりさや嶋沢の存在に至っては「風のしるへ」がなければ気づかれることもなかったのである。

表5　贈物一覧

贈り主	贈り先	贈　物		
溪山（斉宣）	大御所（家斉）	衝立	小箪笥	鯛
溪山	大御台（寔子）	帯地　10筋	杉重	
左衛門尉（信真）	大御台	端物　20	鯛	
篤之丞	大御台	文台硯箱　1揃	青籠詰交肴	
溪山	飛鳥井	紋縮緬　7反	折詰　3段	
溪山	花町・梅渓	紋縮緬　5反	折詰　2段	
溪山	芝山・瀧山・浪浦	縞縮緬　3反	肴料　千疋	
溪山	歌川・嶋沢・花岡	紋縮緬　2反	肴料　千疋	
左衛門尉	飛鳥井	紋縮緬　7反	肴料　5千疋	
左衛門尉	花町・梅渓	縞縮緬　5反	肴料　3千疋	
左衛門尉	芝山・瀧山・浪浦	紋縮緬　2反	肴料　千疋	
左衛門尉	飛鳥井・花町・梅渓	小文庫之内　50両入		

ここで森山家を軸とした閑道の経路について整理しておきたい。南部家の一件は篤之丞の養子と城主格心願の二つが合わさったものである。前者の養子一件の経路は寔子→嶋沢→りさ→斉宣→信真となり斉宣（高輪）が主導的に動いている。養子の件は信真を納得させればよいので比較的単純である。しかし、家格向上の内願を成就させるには、幕府の決定を得なければならないため縁組より難しく複雑である。高輪だけでなく芝も加わり篤之丞御用掛となった猪飼央も積極的に動くこととなる。その経路は斉宣・猪飼央→りさ→嶋沢→（寔子）→梅渓→飛鳥井→老中・御側御用取次と図式化できる。その他の人物が加わることもあり、斉宣の意を受けて動いていたのは、信真宛の書状でもしばしば名前がみられる仙波市左衛門と思われる。

さて、最も心を砕き熱心に働きかけをしたのは斉宣（書状では溪山・高輪・輪台）である。城主格が叶い、信順も南部家に引移り一安心した斉宣は信真へ、「息子斉興ですら自分がいくら世話をしても城主格の成就は難しく、不首尾の時は草臥れるだけだと心配していた。今の私は鼻高々である」という内容の書状を送っている。

内願についての策動を南部家は島津家に預け、他力本願で成就を待ちつつ、信真は斉宣の指示で願書を認め、関係各所に贈物をしている。水野忠邦の説得という最後の詰めも飛鳥井ら大奥に依存しており、事の経緯も含め、この一件は閑道が有効に機能して事が成就した好例とりさが自慢していることが理解できる。

第五章　りさが見た江戸城大奥

一　老中松平定信の大奥政策

家治から家斉への将軍代替りでは上臈御年寄高岳・常磐井・万里小路、御年寄滝川・野村が残り、西丸から上臈御年寄梅の井、御年寄大崎・高橋が加わった。大崎と高橋は家斉が一橋邸にいた時からの奥女中で、一橋治済の意を受けて松平定信の入閣工作を行っている。老中に就任した定信は寛政改革の施策の一環として大奥に倹約の実行を迫り、次第に大崎との対立を深めていく。定信に疎んじられた大崎は、天明八年（一七八八）十一月二十三日、七十二歳で老衰のため願い通り奉公御免となる。剃髪後は宛行の外に特別に手当金が下されており、大崎の複雑な引退劇を象徴している。寛政二年（一七九〇）七月に家治の代からの重鎮高岳・滝川が老衰のため願い通り奉公御免となり、高橋は家斉の第一子淑姫の生母お万の伯母として、大奥の実力者となっていく。

この間の大奥の勢力図や出来事などを松平定信との関係から高澤憲治氏は細かく分析している（高澤・二〇〇八）。この後に起こる金剛院事件ついても寛政四年七月十三日にお万が嫡男竹千代を生んだことにより高橋の権力が増し、一橋治済の政治的発言力が強まることを懸念した定信が、高橋一派を大奥から追放したというのが事件の真相と結論付けている。

『続徳川実記』や江戸幕府日記などによる金剛院事件の幕府公式見解は以下の通りである。八月二十二日に浅草にある真言宗の僧侶金剛院真隆が遠流、老女梅の井が追放、表使滝野と右筆みさが暇（将軍家一門への奉公禁止）、御伽坊主栄三が免職、老女高橋が免職・致仕に処せられ、その理由として真隆が大奥女中転役の加持祈祷を行ったことを挙げている。

事の真相を「よしの冊子」などは御年寄高橋ら一部の大奥女中が、金剛院真隆に御台所やお楽（家慶生母）が流産するよう加持祈祷をさせたと伝えている。事件は峯野が定信に封書を提出して明るみに出たとか、事件の結果お万が二丸に左遷されたとか本丸で一生御目見無用となったなど様々な風聞が伝えられている。「風のしるへ」で風聞の真相を確認していきたい。

御先代より相勤候高橋の局大悪ニ而、御先手平塚伊賀守ハ高橋兄弟右伊賀守娘姪おまん未　御年若く被為成候上様江けいさくをもって御近寄りさせ奉り、　台の御光りを失奉らんと工ミ事中々容易成らさる事ニ而、一ツ橋より御附ニ而被為召連候女中迄一味かたんいたし、誠に其比ハ　台の上様ニ者白氷の上の御座とも可申上哉（中略）悪夫高橋露顕の元ハ御留守居曽我伊賀守皆人名人伊賀と申候へ共、畢竟其比ハうしろ立有之ゆへと被存候、　台の上調伏密書を一存を以詰所へ取上開封致そのまゝ御補佐へ持出し言上被致候間、夫より露顕一味名前明白ニ而すくさま賢者御両人御側御用人本田（本多）弾正大奥へ被廻、高橋其座を不去御いとま庭木迄も其夜之内引払候様ニとの被仰渡一味の女中同断其夜の内下宿被仰付、亡父退出なそ夜九つ前ニ相成り候、其時跡の取計出来老女無右瀧川被為召ニ付早速登城被致　台の御光りも已前之ことく被為成、おまん方も勤出来かたき處　台の上格別の御慈悲すかりは餘り厳敷参り候間　上への御愛想ニ万事者何事も不存候事ニ候半、其まゝ差置候様と御台様御一

言ニ而無事ニ被勤候

先代より仕えていた高橋は大悪人で、この時期先手鉄砲頭であった平塚伊賀守為善は兄でその娘で自分にとっては姪にあたるお万を、計策をもって家斉に近づかせ、一橋家から付き従ってきた女中たちが高橋に加担し、御台所の立場は薄氷の上の座ともいうべきものであった。留守居曽我伊賀守助箎が御台所調伏の密書を取り上げ「御補佐」松平定信へ言上したことにより、事件が露顕し一味の名前も明白となった。すぐに側用人本多弾正忠籌らが大奥に乗り込み、高橋はそのまま暇となり加担した女中たちもその夜のうちに下宿を言い渡された。りさの父孝盛もこの件に関わったとみえ帰宅が夜中の一二時前となった。後の取り計らいができる老女がいなかったので瀧川が登城し、処理に当たる。お万も暇となるところ、寔子の一言でそのまま奉公を続けることが叶った。

「風のしるへ」にはりさの私情が含まれておりその内容がすべて真実とはいえないが、露顕当日の出来事は詳細につづられており孝盛が関与しているのであれば、りさの情報網は正確であるといえる。

瀧川が召されたとあるが、その後家斉付老女に復活した記録はないので、後処理のために一時的に大奥に滞在したと推察できる。瀧川は家治が将軍就任した時からの老女で宿元は弟武藤庄兵衛安徴、武藤家は五〇〇石の旗本で、庄兵衛は明和三年（一七六六）小納戸となり安永八年（一七七九）小十人頭、天明四年先手鉄砲頭、寛政十一年持筒頭を最後に享和三年六十三歳で死去する。従って、金剛院事件が起きた時は平塚為善と同じ先手鉄砲頭であった。寛政元年頃、瀧川は高齢となった筆頭老女高岳に替わり大奥を統括するが、定信は彼女の人柄を評価しておらず、定信の意図により高岳と共に寛政元年七月奉公御免となった。また、瀧川が小納戸を解任された弟の武藤安貞を蓮光院が住む二丸に勤務させたいと定信に願ったが拒否されたという話を高澤氏は取り上げている。蓮光院（お知保）は一〇代家治の側室で嫡子家基の生母である。

りさは定信を尊敬しているが、彼が行ったことすべてを評価しているわけではない。

　左候而ハ広キ天下老中壱人の心にまかせ候ハせまき様ニ候へ共、是ハ御補佐時分之御規定より左様相成り候や、
　当時御医師左之通ニ而へたニ而も強引ニ而一端御匕ニ相成り候へ者御匕の差図次第ニ御座候

老中でも奥医師でもトップのもの一人が一存で決めてしまうのは問題があると、一人に権力が集中することを危惧し、これは定信が規定したことによりはじまったと指摘している。

　定信の大奥政策として倹約と不正の是正の他、将軍子女の養育方法の改革を挙げることができる。曽我助箟は松平定信の肝いりで、寛政三年十二月十五日書院番頭から留守居となる。隠密による探索から不正を暴き、広敷役人の更迭を相次いで行った。このような過程で金剛院事件も発覚したといえる。定信は若君誕生後も西丸老中を置かずに自分が保育することを考えており、お万の着帯後、曽我助箟と広敷用人の中島行敬を担当に指名し準備を進める。同四年七月十三日竹千代が誕生し、御目見以上の幕臣（旗本）から乳持を上げるという方針のもと、りさが大奥へ出仕する。りさの出仕は金剛院事件の後であるが、正確な年月日は分からない。

　竹千代誕生から三日後に「若君様御乳人」が任命されているが、この人物は若君の養育に当たる御年寄となる。乳持は純粋に乳をあげるだけの役割しか担わない。春日局の時代の乳母はこの二つを兼ね備えていた。おそらくは乳母に権力を集中させないため役割を分化させたと考えられる。この乳持の採用を担当したのが意外にも幕府の監察官である目付であった。孝盛は寛政十年に著した「蜑の焼藻の記」に、この乳持改革の経緯を記しているが、若干「風のしるへ」と表現が異なるので比較検討していきたい。

　いつの頃からか乳持は御目見以下の御家人の妻から採用されるしきたりとなったが、彼女らは賤しい身分のため抱いたり添い寝することは憚られた。乳持の担当である目付矢部彦五郎は大御番小十人など旗本の妻から乳持を求めれ

ば、傍らに寛ぐなどして側に侍り養育することができ子どもの成長にも望ましいと定信に上申する。そこで大身小身を問わず旗本から乳の出るものを求めたところ、目付からは間宮信好の娘と孝盛の娘りさが候補に挙がった。間宮は矢部と内談して自分の娘が外れるようにした。しかし孝盛は実直であり君恩に報いる時は今であると捉え、気の進まない婿盛年としぶる娘を説得して乳持に出した。また目付の娘を乳持にしたのは、定信の意を受けて大奥の内情を探ろうとした曽我助籌の企みもあった。以上が「蜑の焼藻の記」の概要である。

一方、「颪のしるへ」では次のように記されている。この度、竹千代様が誕生されたが、いまだ大奥には事件の余毒が残っており、色々穏やかでない。将軍補佐役松平定信の考えでは大将にお育てするのに、近来は乳の上げ方や扱いを子をもったことがない女中が規定ばかりを重視して行うため、御体にひびいていることを察することができず、自然と虚弱に成長してしまう。そこでこの度は、格式のある両番以上の者の妻を選んで、御子様と添寝などもしてしっかりと心地よく乳を召し上るようにさせたいという趣意で、目付へ命じて両番以上でたとえ役人の妻であっても、乳の出がよい者は申上げるようにと仰せ出された。ところが、一向にその趣意を理解せず断りばかりで、申し出る者は一人もない。ここにおいて松平定信は先ず目付衆より先に範を垂れて出してみせるようにと仰せ渡された。一〇人いる目付同役で相談したところ、妻や娘に乳が出る者は多くはなく、間宮諸左衛門と森山源五郎の両人しかいなかった。しかも間宮のところは乳に腫物ができているという理由でお断り申し上げた。亡き父源五郎は元来武人で性質も金鉄のようであり冥賀至極の事で、万一御用に立てば家のことは召使で構わない。女性まで御奉公申し上げることは願ってもないことで、養子与一郎（盛季）にも申し聞かせ、りさを奉公に出した。

りさが奉公に出てからのくだりは原文で見ていきたい。

梨佐子被召出候て三ヶ月計も相勤候内　幼君御逝去にて下宿致し候、其比も大奥ニ而ハ御表より被入候隠しめ付と申殊之外いミきらい候得とも、御側御用人本田弾正此度之御さしハ御趣意あつて御表より召抱られ被為進候、強丈ニ御出し被成、取扱も今迄の御さしとハ違已上の取扱ニ致候様ニと被仰渡、部屋も二ノかわ御寄部や壱人部やニ被下候間、女中向ことの外むつかしく宿へ通路一度も不為致水火の中のくるしミ被為致候、

まず、りさは自分が渋ったとは一切触れていない。召し出されて三ヶ月で竹千代が逝去したとあるので、りさが奉公に出たのは寛政五年三月頃（六月二十四日竹千代死去）と推定できる。乳持の採用に目付が関わるといっても内実は老女による目見で決定されていたのであろう。そのことを裏付けるように、側用人本多忠籌が今回は訳があって表で召し抱えたと大奥に説明しており、御目見以上の待遇で、長局二之側に一人部屋を与えられた。長局は四之側まであり、一之側右側から職制の高い者が入り、一般に一人部屋が与えられるのは老女クラスに限られる。「よしの冊子」によると「乳持四人部屋」とある。

隠し目付と噂され隠密行為をするのではないかと忌み嫌われたなかでの奉公であり、さらにこのような特別待遇は回りの嫉妬を買ったといえる。宿元である森山家に連絡を取ることは一度もできず、水火中の苦しみであったとりさは心境を吐露している。「風のしるへ」の後半部分は他の史料では触れられておらず当事者であるりさの貴重な証言といえる。

さて、時系列で整理すると、松平定信の乳持政策が実行に移されたのは、竹千代の誕生直後ではなくすでに生後八ヶ月位になってからであることが、りさの出仕時期より計算できる。そのためこの政策の効果もなく間もなく夭逝してしまう。生後すぐに実行していれば竹千代が無事に成長したかは、推察の域を出ない。

二　大御所家斉の死去と奥医師

『続徳川実紀』の記事によれば、天保十二年（一八四一）五月十五日に「右大将」家定付の西丸奥医師吉田成方院が、咎めを受け奉公を辞めさせられ、謹慎を命じられた。

右大将殿奥医師吉田成方院咎められて奉公をめし放たれ。致仕して慎みあるべしとなり。その子頼庵は養父かく命ぜられしによて。禄百苞を下され小普請に入れられ。薬研堀元矢之倉の居宅を其まゝおさめられる。

『続徳川実紀』には処罰の理由が記されていないが、旗本井関親興の妻で、寔子付御広敷用人を勤めた親経の義母である隆子は、日記（『井関隆子日記』天保十二年五月十五日条）に次のように記している。

はた吉田成方院と聞こゆるは、西の大殿の一の御薬師にて、又ならぶ者なかりしが、御病おもらせ給ひては、御枕のほとりをさらで常にさぶらひしに、いかなるおこりならむ、いまはの御とぢめをえ知で、いつかきえいらせ給ひて後、人の見付奉りしに驚きけるなど、其頃沙汰しけるが、同じう御咎ありて、家屋敷御たうばり皆召放たれ、其身は隠居させられ、其子某も奥詰御薬師なりしが、それとけて、しるし斗の御たうばり給りたりとか。大殿の御匕とれりしかば世にいみじう敬ひたふとびたりしが、身の怠りとはいひながら、きのふに変る世のたゞずまひ、いとはかなき事共になむ。

要約すると、吉田成方院は西丸家斉付奥医師の筆頭（御匙）であった。家斉の病気が重くなってからは、常に枕元を去らず看病していた。それなのに家斉が息を引き取ったのに気づかず、周りの人が注意してはじめて臨終に気づくという失態をした。それを咎められてこの度の処罰となった。家屋敷を召し上げられ、隠居を命じられ、奥詰医師であったその子頼庵も、御役御免となり少しばかりの扶持を頂く身となった。

隆子は成方院が咎を受けた原因として、臨終に気が付かなかったことを挙げているが、成方院の治療が悪く薬が効かなかったことを原因に挙げるものもある。「風のしるへ」は後者のことを立証する内容となっており、りさは成方院を酷評している。

成方院は閏正月七日（公表閏正月三十日）に家斉が逝去した後も、引き続き西丸御匙として奉公を続け、世子家定付となっていた。逝去から数ヶ月たったこの時期に家斉側近の一掃が行われており、四月には若年寄林忠英が八〇〇〇石を召し上げられ隠居を命じられ、「風のしるへ」にもしばしば登場した御側御用取次水野忠篤も築地下屋敷に押し込められ三〇〇〇石を半減され一五〇〇石とされた。

奥医師については奥絵師に比べ先行研究が少なく、包括的にまとめられたものは管見に入っていない。幕府の医師には将軍やその家族を診察する奥医師、登城した大名や役人を診る表医師があり、幼年または修行中に家を継ぐ時は寄合医師となる。奥詰医師は奥医師の補助要員で奥医師を勤めた年配者が配置されることもある。本科（内科）、外科、眼科、鍼灸科の区別と、漢科医と蘭科医の別があった。西丸に世子や大御所が住居している場合は諸役人と同様、西丸奥医師が存在する。法眼から法印となり、何々院と称する。二〇名前後からなる奥医師の出頭人を御匙と呼ぶ。将軍やその家族の診察を任される前に、奥女中を診察して腕を磨く。奥女中は見習い医師の実習台であったといえる。

奥医師の家として多紀家・吉田家・桂川家などがあり、「風のしるへ」に登場する医師は山崎宗運・吉田梅庵・桂川甫賢国寧・小川龍仙院・川村（河村）宗贍・北村（喜多村）良宅・多紀安淑・真名瀬（曲直瀬）養安院・吉田成芳院である。河村宗贍・喜多村良宅が天保期の島津家の藩医で、他は幕府の奥医師である。

りさは寔子の診察に功のあった医師として山崎宗運と多紀安淑を挙げている。山崎家も奥医師の家柄であるが、法印になった者は知られていない。宗運の祖父が多紀家より妻を迎えており、宗運の養子元方も多紀家の出身である。山崎次善（宗運）は寛政元年奥医師に列し蓮光院（家基生母）に付属する。同四年家斉嫡男竹千代付の奥医師となり、その逝去後本丸奥医師となる。当初は鍼灸担当であったが、文政四年に内科医に転じている。

台の上の御立腹容易成せられす三日計も御上りも常とハ御違被遊強御かんしゃうはつし御持病おこらせられ御ふかへにあらせられ、御扱申上候者とも手にあせにきり候よし、未其比山崎宗運も居候事故、早速御針等差上御療治為申上なそ致、其比嶌沢かえ与申候時分ニ而、かね而宗運ハ古老ニ而抑々むかしより台の上御容躰も心得居、年来御力ニも相成格別ニ御随身申上候老人故

島津家が三位と宰相を同時期に御願いしたことに立腹した寔子は、癇性を発し体調を崩したが、山崎宗運が鍼治療を行ったことで快復した。宗運は古老で、寔子の出産にも立ち会い体調にも熟知しており適切な治療が行えた。

天保十年、寔子と家斉は二人一緒に発病し、寔子は多紀安淑の適切な処理により体調を快復した。

台の上御容躰候節者花町殿よく御取扱被成、安淑より者願立候て此度者容易ならさる御容躰ニあらせられ候間、私計ニ而ハ恐入候、法印伺も被仰付候様願候處、直ニ成芳召候て此度御東様容易成らぬ御容躰ニ被為在候へ共、安淑格別出精致し御手当申上候間、法印には御錠口御用も可有御東之方ハ伺ニ不存とひたと被仰付、安淑も大キニよろしく心配なく御手当致し御全快ニ被為成候、

寔子が大病を発したこの節は、花町の対応が良かった。安淑が今回は容易でない御様子なので、私だけでなく「法印」吉田成芳院にも伺いを立てたいと願ったので、花町が成芳院を召し出し、安淑が精を出して手当をしているので、こちらは心配ないとはっきりと仰せ付けた。そこで安淑も心配なく手当に没頭し、寔子は全快することができ

た。安淑が成芳院にも治療に加わってもらいたいといったのは、自分の腕に自信がなかったのではなく、御匙である成芳院に遠慮しての発言であったことが、花町の言動からくみ取れる。

多紀家は幕府医学館考証派を代表する漢方医である。はじめて多紀氏を名乗った元孝は、宝暦元年（一七五一）大御所吉宗の御匙となる。明和二年に外神田佐久間町に私学躋寿館を開設、これが寛政三年に幕府直轄の医官養成校となり医学館と改称する。多紀元堅（安淑）は寛政七年医学館総裁多紀元簡の第五子として生まれる。はじめ町医者として市中で開業していたが、天保六年十二月幕府に召し出されて、分家矢の倉多紀家を興し、奥詰医師に任命される。翌七年十一月奥医師に任命され、同年十二月法眼に叙せられる。同十一年十二月法印に昇進し、楽真院（後、楽春院と改める）と称し、家慶の御匙にまで昇りつめた。山崎宗運も多紀安淑も主流の出ではないが、名医として知られる。

奥医師というのも内願・内用に関わり易い職業である。桂川甫賢国寧が関与した勝姫の大帰と琉球交易の一件についてはすでに述べているので、その内容は割愛しここでは桂川家と甫賢について説明を加えておきたい。蘭方医桂川家の初代甫築邦教は長崎に遊学して蘭学を学び、元禄九年（一六九六）甲府宰相であった徳川綱豊に仕えた。綱豊が六代将軍家宣となると本丸奥医師となるが、七代家継没後寄合医師に左遷される。享保五年（一七二〇）に天英院や竹姫付女中の診察を請け負うようになり、同十一年に西丸奥医師に復活し、十八年に竹姫の奥医師となり、翌年法眼に昇進。延享二年（一七四五）に家重が将軍となるに従い本丸奥医師となる。桂川家と島津家との関係は初代甫築が竹姫の診察を担当した事からはじまる。四代甫周は家斉実父一橋治済に伴われ、蘭学好きの重豪の元をしばしば訪問しており、関係を深めていったといえる。

六代甫賢国寧は文化九年に初お目見を遂げ、同十三年から奥女中が病気の際の治療を担当することになる。文政十年父甫築の跡目を相続し、同年八月奥医師、天保二年十二月法眼となる。家斉が隠居をして西丸に移徙する際、引き連れられ異動する。同十年十二月家斉の容態が改善した褒美として拝領物を戴く。家斉死去後本丸奥医師となり、十三年五月からは医学館の外科講義も受け持つ。甫賢には三男三女があり長男甫周、次男甫策が桂川家を継ぎ、三男次謙は旗本藤沢家へ養子に入った。娘は上からてや・ゆた・すへで、てやは天保十一年十二歳で大奥女中の見習いとなり、翌年寔子付中臈となった。てやの存在が甫賢と島津家との関係をさらに強めたと勘案できる。てやが天保十五年五月の江戸城本丸火災で焼死したことは夙に有名である。それ以前から体調を壊していた甫賢は失意により気力を失い、同年十二月五十一歳で病死した。

「風のしるへ」では吉田梅庵も内願に関わった人物として登場する。梅庵は家慶付奥医師で、天保九年には法印となり魁春院と改めている。梅庵が糸引きをしたのは脇坂安董の老中昇進に関わる事と考えられる。老中昇進の大願を抱いていた脇坂安董は近習の大須賀昌平を日夜薩摩藩邸に遣わしていた時分、御台所寔子の機嫌を損ずることを大変恐れており、そのことに梅庵を利用したようである。

りさは人に対する好き嫌いがはっきりしていて、「風のしるへ」の登場人物も好意をもっているか嫌悪しているかで分けることができる。吉田成方院は極悪の部類に入れられ、その成方院とお美代が結託し閑道の妨げをしていることに憤りを爆発させている。もちろん家斉の寵愛を集めた側室であるお美代に対しては、御台所寔子をないがしろにして権力を振りかざすことへの反感も強かった。成方院は奥詰医師吉田快庵頼修と島津家家臣河村泰郷の娘との間に生まれ、浄庵と名乗り本丸奥詰医師となる。天保三年に文姫付を兼帯し翌年一旦西丸奥医師になり、同五年に本丸奥医師に転じている。七年十二月に法印に昇進し成方院と名乗りを改め、八年正月より家斉の御匙と成り奥医師の筆頭となる。家斉の隠居に伴い西丸に移り、家斉薨去後も世子家定付として西丸に留まった。

高輪様ニも平瀬と申老女御側ニ居候而ことを計候間致し方御座なく、是ハ成芳院伯母とやらニ御座候、少将様御側ニ者若年寄御中﨟とやら成芳兄弟かありニ而出居候、成芳末の妹おみよ願ニ而御東様へ召し出し、花岡世話子ニ致し為勤御側候事立きゝいたし、成芳又ハみ印へつけ候よし、猪印少将様を御すゝめ申おみよへ取入先方のおもふ図へ被乗候よしニ御座候、私とも歯をかみ候者、たとへ如何様之御望あらせられハとて御家ニ而御めしつかいニ御手を入られ御成就あらせられ所か、御本意もあらぬ事ニ而台の上の御光り被成候てハ有難もおもしろくも無事ニ御座候、

斉宣付老女平瀬は成方院の伯母で、成方院の姉妹は斉彬の御側で若年寄や中﨟を勤め、末の妹はお美代の願いで花岡（寔子付中﨟頭）の世話子となり、話を立ち聞きして成方院やお美代に告げ口をしている。平瀬は成方院の母の姉で河村家の娘と推察できる。猪飼央は「少将」島津斉彬にお美代へ取り入るよう勧め、内願等を成就させようとしている。りさはお美代を「御召仕」と蔑み、島津家は御台所の御威光で家格の向上などが叶っているのにもかかわらず、その顔を潰すようなことをしていることに憤りをぶつけている。「御召仕」は職制ではないが御側女中のうち御手がついた者を指す。

このことは取りも直さず、お美代を仲介とした内願のルートが存在したことを意味している。『鷹見泉石日記』を典拠として荒木裕行氏（荒木・二〇〇五）は、古河藩土井家の加増や幕府役職就任のための内願交渉について立証を行っている。贈賄の対象の中心的人物の一人として中野清茂（石翁）を挙げているが、日記にしばしば登場するお美代には触れていない。その養父中野石翁を取次ぎとしたルートは石翁から直接家斉に矢印が向かうものと、延長線上のお美代を経由して大奥から家斉へつながるルートが存在したことが天保十年九月三日の記載からわかる。土井家から「黄亀子」の内献上を頼まれていた中野石翁は、九月一日に「御娘女様」つまりお美代が家斉に披露してくれたこ

とで済んだ、と知らせてきた。土井家では石翁だけでなく、お美代にもしばしば贈賄を行っている（「縞縮紫紅二反、御裏地紅一疋、御息女様へ」）。そして、家斉が死去すると掌を返すように石翁とお美代への金品の贈答を打ち切る（「中野様相勤候儀、且お美代様へ五百疋、此度限りにて然るべき」天保十二年二月四日条）。中野石翁やお美代の場合は縁戚関係がなくても、賄賂を贈ることで手蔓とすることができたといえる。

さて、成方院は自分の甥である川村（河村）赤膽を奥医師にしようとして、お美代とともに画策する。この企みは「亥（天保十年）の秋」のはじめに寔子の耳に入った。島津家から奥医師を出すことは大御所家斉の容体が良くない時期に不都合である、というのが寔子の意向で、川村などに閑道の事が知られないよう高輪に話しておくようにとの沙汰があった。

去秋川村赤膽奥医師ニ可成もくろミ叔父のつゝきのにて御匕吉田成芳院引ニ而もはや相違もなく亥ノ秋の初奥へ入と申事俄に御東様御聴ニ入、御家より奥医師出候而ハ　大御所様其比御容躰中と申甚御不都合ニ被為在（中略）、川村なそへ御閑道の事しれ不申候様よく〳〵高輪へ通し置候様ニとくれ〳〵御沙汰ニ而（後略）、

それを請けてりさが伊集院喜左衛門に話したところ、喜左衛門は川村は閑道御用を漏らすような者でないと答えた。成方院や川村は、上辺は穏当にみえるが極悪人であるとりさは容赦ない。お美代は四十歳になるかならぬかの成方院を大御所家斉の御匙とした。閑道の匙加減や老女たちの扱いも心得ない川村などが奥に入れば、寔子は大迷惑となる。それにお美代と成方院がぐるになり、お美代にとって都合の良いことばかりを、御錠口に申上げることになる。一旦、川村が奥医師となることがほぼ確定的となったが、一夜のうちに情勢が変わり川村が奥に入るのは取りやめとなった。成方院には計算違いとなったが、この度は大奥が一致し成方院の悪巧みを食い止めた。

家斉の病状が悪化してからの奥医師たちの動向をりさは詳細に記している。かなりの長文となるので引用は前段の

みにとどめたい。

大御所様ニ者甚以御大切ニ被為成候、おみよ方何分成芳院御薬成候てハ上ぬと申、御用かゝりも老女衆も手を取

公方様十一月十四日御本丸へ被為成候て殊外御立腹大さわきと相成、右御沙汰より力を得、漸々御用掛り頭取衆もさわき、多喜安淑廿四日ニ御手替りを被仰附候へ共、何分安淑江相談も不致、御調合も為致不申、御法書計請取自分配斎致し候由、公方様御さじ小川龍仙院しゐて申上、甫賢被召遣候者此時の御用不被仰付候てハ御不用の者と申上、おらんだ寄法差上候ニ付而ハ、御外科の事故御製薬かゝり真名瀬養安院へ伝受之積りニ御規定立、実ハ甫賢より差上候處、二日めより御小用追々御増被遊二升五合迄と被為成、大キニ御気分御引立被遊四五日之内ニ御上りも増、御花なそ遊ハし御庭へも被為成候様ニ而一統有難り候と（後略）、

大御所家斉の病状が悪化したが、お美代が成方院の薬以外は差上げないとし、御用掛（老中）も老女も手を出せなかった。十一月十四日家慶が西丸（本丸とあるが間違い）にお越しになり事態を知って立腹し、家慶の沙汰により力を得て二十四日に多喜安淑に替わった。しかし、成方院は安淑に相談もせず、薬の調合もさせず、自分で差配していた。そこで家慶の御匙小川龍仙院が強く申上げ、桂川甫賢が蘭法で治療することになったが、外科なので製薬は本丸奥医師から奥詰医師になっていた真名瀬養安院が行っているようにし、実際は甫賢が差上げた。それにより家斉の症状は快復し、二日目から小用の量が増え、四・五日経つと食欲もまし、花札などして遊び庭へも出られるようになった。家斉は小水が出にくくなる病いであることがわかる。前立腺か腎臓の病気であったのだろうか。

家斉と寔子の病状を整理すると、二人は天保十年秋頃に発病し、寔子は多紀安淑の治療により比較的早く全快する。一方、家斉の治療にはお美代の意向で吉田成方院が当たったのだが、一向に快方に向かわなかった。その状況を将軍家慶が知ったのが十一月十四日で、家慶の立腹で事態が動き、桂川甫賢が治療に当たることとなった。家斉の病

状が好転したことにより同年十二月甫賢は褒美を受ける。しかし、また成方院の薬に戻したことで徐々に体調が悪化していく。お美代は家慶や寔子が家斉に会うことを妨害し、薬を変えることもしなかった。お美代の権勢は家斉の存在があっての砂上の楼閣のようなものであり、なぜ家斉の健康を維持するため全力を注がなかったのだろうか。筆者と同じ疑問をりさも抱いたようで、「よく〳〵慥成るうしろ立有之事と皆申居候、餘りふしき〳〵とた丶事ならすと大奥評義のよし二承り候」何か強固な後ろ盾でもあるのだろうかとても不思議なことだと大奥でも話題となった、と結んでいる。

天保十一年に入ってからの家斉の病状であるが、幕府の日記など公の記録に将軍や大御所の病状は記されないため、その経過を知るのは難しいが『井関隆子日記』から断片的に辿ることができる。七月までは家慶が生御魂の行事で西丸を訪れるなど体調に変化はないといえる。八月後半から体調の不調がみられる。

天保十一年八月二十日の隆子の日記によると、明日家慶は浜御庭へ御成の予定であったが、「太政大臣の君（家斉）の様子が常とは違うため、御成は中止となった。家斉は昔から健康であったが、昨年の秋には体調を壊して、世間も驚いたが程なくおさまった。家斉の病状は昨年の秋のような重症ではないが、その余波で体調を壊したのかもしれない。九月十七日の記載から引き続き体調が思わしくないことがわかる。十月に入ると少し気分が良くなったようで、六日には猿楽の催しが西丸で行われた。

十一月には家斉の病状に関する記載はなく、十二月十五日付の日記で悪化したことが判明する。「西の太政大臣の君、冬のはじめ頃より例の御いたわりおこらせ給へり」とあり、冬のはじめがいつかは不確かであるが、寒くなる頃から家斉の病状は悪化していったようである。奥医師などが密かに話しているのを広大院付広敷用人である井関の当主親経が聞き、隆子も知る所となったのであろう。しかし、上々方の病状はありのまま申上げることはできないので、薬など手遅れになることが多いと結んでおり、隆子は将軍家の治療の事情なども把握していたようである。

天保十一年の「江戸幕府日記」には将軍家慶が西丸へ御成になる予定であったが、差し止めになったという記事が散見する。「風のしるへ」でお美代が、家慶が家斉を見舞うのを妨害したとあるのと関係あるのだろうか。

十二月に病状を悪化させた家斉は快復することなく、翌十二年閏一月七日薨去し、同月三十日にその死が公表された。ここで改めて、家斉が死去した時の西丸奥医師は、吉田成芳院・半井策庵・野間玄琢・坂幽玄・村山自伯・桂川

西丸奥医師（家慶）

- 山本宗英
- 200石、薬研掘
- 山崎宗運
- 曲直瀬養安院
- 栗本元格
- 森雲禎
- 杉本忠温
- 養安院法眼
- 山崎宗安

文化7年—吉田梅庵西丸奥医師に

文化７年		
山本永春院	小野西郎	人見友雪
鹿倉以仙	川島宗瑞	渡邉立軒
太田玄達	小嶋活昜	木村玄長
野間玄琢	人見高栄	小野桃仙院
篠崎三伯	岡了節	吉田瑞玄
柴田玄□	吉田梅庵	

文政 11 年		
山本啓俊院	千田玄知	人見友雪
岡了節	太田玄達	木村玄長
吉田梅庵	柴田元岱	篠崎三伯
野間玄琢	小川汶庵	津軽意伯
吉田瑞玄	川島宗瑞	石坂宗貞
岡了允	木村長安	山崎宗修
遊佐東庵	山本宗瑛	上生玄昌

天保３年		
山本啓俊院	人見友雪	岡了節
木村玄長	吉田梅庵	柴田元岱
篠崎三伯	栗崎道樞	小川汶庵
津軽意伯	吉田瑞玄	川島宗瑞
石坂宗見	木村長安	山崎宗修
山本宗瑛	東宗朔	丹羽孝徹
半井策庵	宮崎浩庵	

天保４年		
山本啓俊院	人見友雪	岡了節
吉田梅庵	柴田元岱	篠崎三伯
小川汶庵	津軽意伯	栗崎道樞
石坂宗見	吉田浄庵	木村長庵
山崎宗修	伊東高益	船橋宗迪
東宗朔	丹羽孝徹	小野西育
宮崎浩庵	小嶋活安	柴田元良
吉田瑞琢		

天保５年		
山本啓俊院	人見友雪	岡了節
吉田梅庵	柴田元岱	篠崎三伯
小川汶庵	津軽意伯	栗崎道樞

表６　奥医師一覧

本丸奥医師（家斎）

寛政5年	寛政5年—山崎宗運奥医師に						
	橘宗仙院	岡甫庵	橘隆庵	山添熙春院	栗本瑞見	多紀永春院	篠崎□□
	伊藤高益	多紀安長	小野西育	太田元達			
外	佐藤祐仙	津軽意伯	桂川甫周				
鍼	坂幽玄	山崎宗運					
口	安藤安仙			以下記載なし			
文化7年							
	中川常春院	栗本瑞見	河野良以	杉本仲温	渋江長伯	山本宗英	
外	関本伯典	桂川甫謙	津軽意伯				
鍼	山崎宗運	石坂宗哲	増田寿淂				
口	堀本一甫						
眼	笠原養玄	土生玄碩					
奥詰	養安院法印	内田玄達	余語良仙	千田玄知	野呂元忠	湯川寿三	
文政11年	桂川甫賢—文政10年8月寄合医師より奥医師　吉田浄庵—文政11年より奥詰、父快庵、						
	中川常晋院	栗本瑞見	河野良以	杉本仲温	吉田長禎	中川隆玄	渋江長伯
	河野良庵	栗本元格					
外	桂川甫賢	村山自伯	栗崎道樞				
鍼	坂幽玄	石坂宗哲					
口	佐藤道安	本康宗円					
眼	土生玄碩						
奥詰	半井策庵	吉田快庵	長尾全庵	丹羽孝徹	平田道祐	森雲悦	坂真庵
	千賀道栄	吉田浄庵	渋江伯順	渋江長庵			
天保３年	吉田浄庵—天保３年４月西丸奥医師、文姫御用兼任						
	栗本瑞仙院	杉本宗春院	吉田長禎	中川隆玄	野間広春院	山崎宗運	河野良庵
	杉本忠温	野間玄琢					
外	桂川甫賢	村山自伯	小堀祐真				
鍼	杉枝良淑	吉田秀哲	坂幽玄	石坂宗哲			
口	佐藤道安	本康宗円	安藤安益				
眼	伊達本覚	樋口三生					
奥詰	秦寿命院	余語古庵	吉田快庵	多紀安良	大八木伝庵	船橋宗迪	平田道祐
	坂真庵	養安院法眼	千賀道栄	吉田浄庵	渋江長伯	渋江長庵	
天保４年							
	栗本瑞仙院	杉本宗春院	吉田長禎	中川隆玄	野間広春院	山崎宗運	半井策庵
	野間玄琢						
外	桂川甫賢	村山自伯	小堀祐真	小堀祐益			
鍼	杉枝良淑	芦原検校	吉田秀哲	坂幽玄	石坂宗哲		
口	佐藤道安	本康宗円	安藤安益				
眼	伊達本覚	樋口三生					
奥詰	秦寿命院	余語古庵	大八木伝庵	大膳亮章庵	平田道祐	森雲禎	坂真庵
	千賀道栄	高麗栄竹	渋江長伯	渋江長庵	多紀安良	土岐長元	吉田梅園
天保５年							
	栗本瑞仙院	杉本宗春院	吉田浄庵	中川隆玄	野間広春院	山崎宗運	半井策庵
	杉本忠温	野間玄琢					
外	桂川甫賢	村山自伯	小堀祐真	小堀祐益			

甫賢・小堀祐真・石坂宗哲・佐藤道安・安藤安益・伊達本覚・小堀祐益・樋口三生・多紀楽真院（安淑）・佐藤道碩・石坂宗元・大膳亮章庵・高村隆隠・芦原検校・小島春庵・津軽玄意・吉田頼庵・湯川安道で、吉田成芳院と多紀楽真院が法印で他のものが法眼である。

養安院法眼

杉本忠温

坂真庵
吉田梅園

秦寿命院
渋江長伯

千賀道寧

千賀道寧

千賀道隆

坂春達	吉田長禎	木村長庵
山崎宗修	伊東高益	船橋宗迪
東宗朔	丹羽孝徹	小野西育
宮崎浩庵	小嶋活安	柴田元良
吉田瑞琢		
天保６年		
山本啓俊院	人見友雪	岡了節
吉田梅庵	柴田元岱	篠崎三伯
小川汶庵	津軽意伯	栗崎道樞
坂春達	吉田長禎	木村長庵
山崎宗修	伊東高益	船橋宗迪
東宗朔	丹羽孝徹	小野西育
宮崎浩庵	小嶋活安	柴田元良
吉田瑞琢		
天保８年		
吉田長禎	大膳亮章庵	吉田梅庵
小川汶庵	津軽意伯	丹羽孝徹
宮崎浩庵	山崎宗修	坂春達
栗崎道樞	畑中文中	村山伯元

以下省略カ

西丸奥医師（家斉）

天保８年		
吉田成方院	半井策庵	杉本忠温
野間玄琢	坂幽玄	村山自伯
桂川甫賢	小堀祐真	石坂宗哲
佐藤道安	安藤安益	伊達本覚
小堀祐益	樋口三生	多紀安淑
佐藤道碩	芦原検校	大膳亮章庵

天保９年		
吉田成方院	半井策庵	野間玄琢
樋口三圭	佐藤道碩	小堀祐益
桂川甫賢	村山自伯	小堀祐真
多紀安淑	芦原検校	樋口三生
坂幽玄	石坂宗哲	佐藤道安
石坂宗禎	伊達本覚	高村隆徳
安藤安益		
天保 10 年		
吉田成芳院	半井策庵	野間玄琢
坂幽玄	村山自伯	桂川甫賢
小堀祐真	石坂宗哲	佐藤道安
安藤安益	伊達本覚	小堀祐益
樋口三生	多紀安淑	佐藤道碩

鍼	杉枝良淑	芦原検校	吉田秀哲	坂幽玄	石坂宗哲		
口	佐藤道安	本康宗円	安藤安益				
眼	伊達本覚	樋口三生					
奥詰	秦寿命院	余語古庵	大八木伝庵	大膳亮章庵	平田道祐	森雲禎	坂真庵
	千賀道栄	高麗栄竹	渋江長伯	渋江長庵	多紀安良	土岐長元	吉田梅園
天保６年							
	杉本宗春院	吉田浄庵	中川隆玄	野間広春院	山崎宗運	半井策庵	山崎宗安
	野間玄琢						
外	桂川甫賢	村山自伯	小堀祐真	小堀祐益			
鍼	杉枝良淑	芦原検校	吉田秀哲	坂幽玄	石坂宗哲		
口	佐藤道安	本康宗円	安藤安益				
眼	伊達本覚	樋口三生					
奥詰	秦寿命院	余語古庵	栗本瑞見	大八木伝庵	大膳亮章庵	平田道祐	森雲禎
	養安院法印	千賀道栄	服部了元	渋江長伯	渋江長庵	多紀安良	土岐長元
天保８年	吉田浄庵―12月法印成方院						
	吉田成方院	半井策庵	杉本忠温	野間玄琢	樋口三生	野間広春院	佐藤道碩
外	桂川甫賢	村山自伯	小堀祐真	小堀祐益			
鍼	杉枝良淑	芦原検校	吉田秀哲	坂幽玄	石坂宗哲		
口	佐藤道安	本康宗円	安藤安益				
眼	伊達本覚	樋口三生					
奥詰	多紀安淑	服部了元	土岐長元	多紀安良	余語古庵	平田道祐	養安院法印
	大八木伝庵	森雲悦	千賀道寧	坂真庵	栗本瑞見	小嶋春庵	大膳亮章庵
	渋江長庵						

本丸奥医師(家慶)

天保８年	小川汶庵、龍仙院となる						
	野間広春院	小川龍仙院	森雲悦	吉田長禎	平田道祐	吉田梅庵	丹羽孝徹
外	栗崎道樞	津軽意伯	畑中文中				
鍼	杉枝仙庵	吉田秀哲	坂春達	山崎宗修			
口	本康宗圓						
眼							
奥詰	秦寿命院	余語古庵	栗本瑞見	大八木伝庵	津軽玄意	坂真庵	養安院法印
	服部了元	渋江長伯	渋江長庵	多紀安良	土岐長元	小嶋春庵	
天保９年	吉田梅庵、魁春院となる						
	野間広春院	小川龍仙院	栗崎道樞	吉田長禎	吉田魁春院	丹羽孝徹	大膳亮章庵
外	津軽意伯	畑中文中					
鍼	杉枝仙庵	吉田秀哲	坂春達	山崎宗修			
口	本康宗圓						
眼							
奥詰	秦寿命院	余語古庵	栗本瑞見	大八木伝庵	津軽玄意	坂真庵	養安院法印
	服部了元	渋江長伯	渋江長庵	多紀安良	土岐長元	小嶋春庵	
天保10年							
	野間広春院	小川龍仙院	森雲悦	吉田長禎	小川文□	吉田魁春院	大八木伝庵
外	栗崎道樞	津軽意伯	畑中文中				
鍼	杉枝仙庵	吉田秀哲	坂春達	山崎宗修			
口	本康宗圓						
眼	土生玄昌						

坂真庵	石坂宗元	芦原検校	大膳亮章庵
小嶋春庵	高村隆徳		
	天保11年		
千賀道隆	吉田成芳院	半井策庵	野間玄琢
	坂幽玄	村山自伯	桂川甫賢
	小堀祐真	石坂宗哲	佐藤道安
	安藤安益	伊達本覚	小堀祐益
	樋口三生	多紀安淑	佐藤道碩
坂真庵	石坂宗元	大膳亮章庵	高村隆徳
	芦原検校	小嶋春庵	津軽玄意
	吉田頼庵	湯川安道	
	天保12年		
	吉田成芳院	半井策庵	野間玄琢
	坂幽玄	村山自伯	桂川甫賢
	小堀祐真	石坂宗哲	佐藤道安
	安藤安益	伊達本覚	小堀祐益
	樋口三生	多紀楽真院	佐藤道碩
千賀道寧	石坂宗元	大膳亮章庵	高村隆徳
	芦原検校	小嶋春庵	津軽玄意
	吉田頼庵	湯川安道	

西丸奥医師（家定）

多紀楽真院	天保12年		
	大八木伝庵	多紀安良	山崎宗安
	小野桃仙院	湯川安道	小川玄達
	岡了節	木村長安	人見友雪
	篠崎三伯	東宗朔	伊東宗益
	小野西育	柴田元良	小嶋昌流
池田瑞仙	岡了□	人見元徳	宮崎立庵
坂真庵	村山伯元	天野良雲	
	吉田成芳院	小堀祐益	津軽玄意
	大膳亮章庵	伊達本覚	吉田頼庵
	石坂宗元	小嶋春庵	佐藤道碩

奥詰	秦寿命院 養安院法印	余語古庵 千賀道寧	栗本瑞見 服部了元	曲直瀬正員 渋江長伯	坂上地院 渋江長庵	田中俊哲 多紀安良	津軽玄意 土岐長元
天保11年							
	野間広春院	小川龍仙院	森雲悦	吉田長禎	小川文□	吉田魁春院	大八木伝庵
外	栗崎道樞	津軽意伯	畑中文中				
鍼	杉枝仙庵	吉田秀哲	坂春達	山崎宗修			
口	本康宗圓						
眼	土生玄昌						
奥詰	秦寿命院 養安院法印	余語古庵 千賀道寧	栗本瑞見 服部了元	曲直瀬正員 渋江長伯	坂上地院 渋江長庵	田中俊哲 土岐長元	津軽玄意 小嶋春庵
天保12年							
	小川龍仙院	森雲悦	吉田長禎	小川文□	余語古庵	大八木伝庵	千賀道隆
外	栗崎道樞	津軽意伯	畑中文中				
鍼	杉枝仙庵	吉田秀哲	坂春達	山崎宗修			
口	本康宗圓						
眼	土生玄昌						
奥詰	秦寿命院 服部了元	栗本瑞見 渋江長伯	曲直瀬正員 渋江長庵	田中俊哲 池田瑞泉	津軽玄意 土岐長元	坂真庵 小嶋春庵	養安院法印

本丸奥医師（家慶）

天保12年							
	吉田長禎 高村隆徳	半井策庵	余語古庵	小川龍仙院	小川道伯	森雲悦	野間玄琢
外	栗崎道樞	津軽意伯	畑中文中	村山自伯	桂川甫賢		
鍼	芦原検校	坂幽玄	杉枝仙庵	吉田秀哲	坂春達	山崎宗修	
口	安藤安益	佐藤道安	本康宗圓				
眼	土生玄昌	樋口三生					
奥詰	坂上地院 松井素庵 栗本瑞見	田中俊哲 曽谷長順 渋江長伯	高麗春満 養安院法印 渋江長庵	曲直瀬正員 秦寿命院	井上俊□ 千賀道隆	服部了元 半井庵	土岐長元 千賀道寧

『江戸幕府役職武鑑編年集成』（東洋書林）より作成、須原屋版と出雲寺版で名前が異なることがある。また、欠員が出たところに後任者の名前をはめこむことから、名前順と順位が一致しないことがある。

（網掛け）は「風しるへ」の登場人物。

おわりに

「風のしるへ」は閑道取次の内容とそれを担った森山家の人々の働きを知らしめるために記されたものである。閑道とは内々に願書を差し出して将軍の意向をうかがい了承を得て願い事を成就させる非公式のルート、道筋を意味する。その道筋には取次をする複数の仲介者が存在した。幕府へ内意をうかがうものには、縁組（婚礼・養子）・参勤交代・病気療養など届けを出すものと、家格の向上・役職への就任・御用獲得・拝借金など将軍より下命されるものとに大別できる。

縁組など大名家双方が熟談の上、納得すれば、幕府への許可は正式な届け出のみでもよいように思われる事も、事前に内意をうかがい了承を得た上で、正式な縁組願いを差出す場合がある（中田・一九二六）。一橋宗尹の娘保姫と島津重豪の例で検証すると、宝暦九年八月十八日側用人大岡忠光から一橋家家老へ、縁組の内慮をうかがっていた所、勝手次第という許可が出たことが伝えられた。一橋家からの内慮伺はこれ以前に出されていることがわかる。これを受け十一月朔日に老中へ保姫と島津重豪の縁組願書を出し、翌月四日に縁組が許可された。しかし、すべての縁組に内慮伺が必要だった訳ではなく、信順の養子縁組や真田家の六代藩主幸弘息女泰姫と井上家との縁組では内慮伺は提出しておらず、正式な願書を差し出す数日前にその文面を老中に確認してもらっているのみである（北村・二〇〇三）。

八戸藩南部家の城主格願いなど家格の向上は抑々将軍より下命されるもので、正式な願書を出す事柄でないため、内願という形で交渉が行われる。交渉の経路としては大奥ルート、奥役人（御側衆・奥医師など）ルートなどいくつかの関道があり、そこから内願書が差出される。南部家では島津家に頼る以前、信真は妻の兄である老中大久保忠真に築城願いの内願書を提出しており、老中であっても関道の担い手となることがあった。

内意（内慮）伺とは将軍の意向を確認することを指すと思われるが、大量にあるすべての内意伺を将軍が処理することは考えにくいため、老中や御側御用取次が裁許を仰ぐものとそうでないものを区別したと勘案できる。学習院大学図書館が所蔵する丹鶴城旧蔵幕府史料のなかに、諸大名より老中に出された内意伺を書き留めた「内意留」が含まれている。この史料は、その年代が水野忠邦の本丸老中在職期間とほぼ一致することから、水野家で保管されたものと推測される。忠邦はすでに既定のことである家格に基づいた贈答儀礼の確認まで、内意伺いとして出されることにわずらわしさを感じていることを記している。

「風のしるへ」の内願の経路でも飛鳥井まで上がった後、飛鳥井が直接将軍家斉や家慶の意向をうかがうことがあったのかは分明しない。飛鳥井が老中や御側御用取次と会い交渉の場として利用したのが御錠口である。御錠口は表と奥との境にあり出入りを取り締まる場所であるが、単なる境界ではなく部屋として空間を有していた。諸大名家でも御錠口や老女詰所などが男性役人と女性役人（奥女中）が会談する場として利用されている。一橋家では書院からのびる長廊下の先「松之間」の隣に当たるところに「御錠口」と書かれた場所があり、宝暦四年十一月四日保姫の成長により老女大崎に諸事御用掛を御錠口において家老が申し渡す記事や、宝暦十二年三月二日保姫の疱瘡の酒湯祝儀を御錠口において用人が老女へ申し渡す記事が『覚了院様御実録』にみられる。

一方で内願を直接将軍に交渉している例もある。家斉の娘盛姫は夫鍋島斉（直）正の行列に金紋挟箱をもたせて、葵の御紋を用いる許可を得るため大奥に上り、家斉に面談し直接交渉をしている（『鍋島直正公伝』）。

近世初期から前期にかけて諸大名家が分家を輩出してきた背景には、本家に跡継ぎがいない時、養子として迎え家を絶やさないためである。従って養子は血縁が重視され、同姓など祖先を同じくする家や娘の嫁ぎ先から探されるのが常套であった。極位極官が定められ、大名家の家格が固定されると、上昇を願うことは困難となった。しかし、家斉将軍期になると、家斉の息子を養子に迎えた家の家格向上が図られ、家格の変動が激しくなり、大名間の競合を煽るようになった。上昇志向の強い者はより家格の上の家から養子を迎え、養子の実家の力を借り目的を果たすようになり、血縁が軽視されるようになった。その中心にいたのが御台所寔子の実家島津家である。寔子の養子に対する考え方も血縁を重視しておらず、実家島津家に将軍家慶の息子を、宇和島藩伊達家に自分の弟（信順）を宛がおうとしている。しかし、いずれも血縁を理由に断られた。さらに幕末期には政治的な意味合いも加わり養子はより戦略的なものへと変わっていった。

大名の付き合いには家同士の公式なものと、大名同士の個人的なものが存在したといえる。公的な交際の範囲は姻戚関係を軸としているが、服忌のかかる範囲、奥向の贈答儀礼を交わす範囲、「両敬帳」に記載される範囲には差異があった。両敬とは（松方・一九九三）大名が相互の訪問、応対、文通など交際時に同等の敬礼を用いることをいい、両敬帳には自家の藩主を中心とした親族関係や両敬形成の理由、担当の家臣の名前などが書き留められている。両敬関係は親・姻戚関係を母体としてその一部あるいは全体と結ばれるが、地縁や交友関係がその成立要因となることもあり、藩主や藩主夫人が単独で形成の主体にもなる。つまり、姻戚関係がなくとも藩主同士が親しければ両敬となり、「両敬帳」に記載される。その例を柳沢家の『婚姻禄』で確認すると「当代薩摩守斉宣の父、栄翁重豪の二男奥平家へ養子と為し、奥平家よりの続の上、栄翁には父君保光別して懇意之事に付、両敬」とある。

幕末期の島津家の奥向が交際していた相手も、姻戚関係にある者が大部分を占めるが、江戸屋敷が隣の徳島藩蜂須賀家と、唯一家格が上の外様大名加賀藩前田家が含まれている。

さて、島津家と南部家は信順が養子の入る以前は、奥平家を介して遠縁の関係にあり、また斉宣と信真が昵懇であり個人的な関係も存在した。しかし、斉宣が藩主でないことから家同士の付き合いではなかったと思われる。その根拠としては、信順が婿入りしたことにより、両家は家臣や女中の名前を交換しており、すでに両敬関係にあればその作業は済んでいると考えられるからである。

大名の交際については、「両敬帳」などを基に贈答儀礼を交わす家同士の付き合いの検討に重点を置く研究（松方冬子・一九九四）と、歌集や茶会記などを素材に文化交流として大名個人同士の付き合いに焦点を当てる研究とが平行して行われてきたが、両方をミックスして考察していく必要があるといえる。

妻である正室以外で、男性当主に性を提供する者を一般に側室と総称してきたが、昨今は論文用語として便利に使われてきた言葉を、史料に基づいて厳密に定義する傾向が強くなってきた。江戸時代にどのような意味で使われていたかが重要視されるのである。福田千鶴氏（福田・二〇一二）は「一般には妻を正室、妾を側室と置き換える傾向にあるが、近年の研究では側室は近世中期に成立してくる用語であり、しかも側室は妾一般でないことがあきらかになりつつある」と述べ、彦根藩井伊家の事例（福田・二〇〇五）から当主の子を出産しても側室になるのは限られた女性であることを解明している。つまり妾イコール側室ではなく、妾の内特別なものが側室となることができたと説明している。

斉宣は信真宛書状で、百十を自分の召仕、きくを貴殿（信真）の御召仕と呼び、鶴姫が成長するまでは信順の相手は召仕でよいと記している。正室以外で藩主の寵愛を受ける女性を「御召仕」と呼ぶことは、薩摩藩に限定された呼称ではなく各藩に通じる言葉であったといえる。山形藩水野家では妾の内、子を産んだ者を産母、そうでない者を召仕と呼んでいる。「奥奉公出世双六」には「御召仕（おめしつかい）」というマスがあり「昨晩は奥へ御泊りになり、私の身にとってはどのようにうれしうござりませう」と詞書が記されている。私たちが今まで側室という言葉で代用してきた概念は、御召仕という言葉に置き換えることができると考えられる。

家斉の病状について「風のしるへ」の裏付けを取ろうと、『続徳川実紀』や幕府の日記、『藤岡屋日記』『鷹見泉石日記』『斉藤月岑日記』などを確認したが、やはり貴人の病状は秘すべきことなのか記載がなく、唯一『井関隆子日記』に記述がみられた。家斉の息子である松平斉民の奥向日記「七宝御右筆間御日記」や、祈祷との絡みから（畑尚子・二〇一四）、善光寺大本願の奥日記や護国寺が所蔵する「護持院日記（享保二年～慶応四年）」などに記載されている可能性はあるが、未検証である。

また、登場人物も隠語で記される〇〇印をすべて確定させるには至っていない。「三印之内 両印溪山様をあしさまニ色々被仰上」という箇所があり、両印は花印（妙清院）・蝶印（清松院）と判明するが、もう一人がわからない。斉宣が信真に宛てた書状にも「三印等も召呼申御左右ニ御座候」とある。島津家の家臣についても名前がわかってもその人物の経歴や立場、役割などがみえない者もおり、別の史料で抑える必要がある。

「風のしるへ」を考察することで見えてきた課題はこれだけではない。この時代の森山家の女性にはすべて「り」が上に付いている。孝盛が「り」に拘ったとして、娘や孫娘に「り」が付いているのは理解できるのだが、孝盛の二人の妻にも「り」が付いているのは何故だろうか。結婚後に孝盛が改名させたのかは、推察の域を出ない。

旗本の家政や家族という視点で森山家を捉え、家女としてのりさの役割を見ていくことも今後の課題といえる。

参考文献

史　料　①原史料

「有馬・丹羽家官位昇進内願書留」東京都江戸東京博物館蔵
「江戸幕府日記」国立公文書館蔵
「岡山藩池田家文書」（「享保七年寅歳従御城女中之文栄光院様江」）国立国会図書館マイクロフィルム
「奥奉公出世双六」都立中央図書館蔵
「七宝御右筆間御日記」津山郷土博物館蔵
「島津家文書」東京大学史料編纂蔵
「女中帳」国立公文書館蔵
「津軽越中守寧親心願書控」田藩文庫、国文学研究資料館蔵
「八戸南部家文書」八戸市立図書館蔵　※本文中では「八南文書」と略し仮番号の下二桁のみを記載した。
「武蔵国江戸森山家文書」（「森山家全系」「先祖書」「過去帳」「碇山八郎右衛門書状」「證書」他）国文学研究資料館
　マイクロフィルム
「渡辺刀水収集文書」（「将軍家斉公老女花園葵華院略歴及び墓誌写」）川越市立博物館蔵

②影印本・翻刻史料

『青森県史　資料編　近世5』（青森県史編さん近世部会、二〇一一年）
「蜑の焼藻の記」（『日本随筆大成 第2期22巻』吉川弘文館、一九七四年）
井上敏幸他「翻刻・真田幸弘六十賀集『千とせの寿詞』『御ことほきの記』『耳順御賀日記』」（『松代』第19号、二〇〇五年）
『井関隆子日記』（勉誠社、一九八〇年）
『茨城県立歴史館史料叢書14・17　一橋徳川家文書　覚了院様御実録Ⅰ・Ⅱ』（茨城県立歴史館、二〇一一・一四年）
『鹿児島県史料　旧記雑録追録　第七・八』（鹿児島県、一九七七・八年）
『鹿児島県史料　鎌田正純日記1』（鹿児島県歴史資料センター黎明館、一九八九年）
『甲子夜話　三編五』（平凡社、一九八三年）
『自家年譜：森山孝盛日記』上中下（国立公文書館内閣文庫、一九九四・九五年）
『続徳川実記　第一編』（吉川弘文館、一九六六年）
『鷹見泉石日記』（吉川弘文館、二〇〇一～四年）
多仁照廣「勘定奉行石川忠房年譜」（『敦賀論叢』2～4号）
「内意留」（『学習院大学図書館所蔵丹鶴城旧蔵幕府史料　第四・五巻　内意留』ゆまに書房、二〇〇八年）
『内閣文庫所蔵史籍叢刊14　諸向地面取調書1』（汲古書院、一九八二年）
『名ごりの夢』東洋文庫9（平凡社、二〇〇八年）
『鍋島直正公伝』（西日本文化協会、一九七三年）

「森山孝盛日記」（『日本都市生活史料集成二　三都篇Ⅱ』（学習研究社、一九七七年）
「よしの冊子」（『随筆百花苑　第9巻　風俗世相篇3』（中央公論社、一九三一年）

著書・論文

荒木裕行「文政期古河藩の内願交渉―御内用役の活動を事例として―」（『論集きんせい近世史研究会』二七号、二〇〇五年）
今泉源吉『蘭学の家桂川の人々』（篠崎書林、一九六五年）
岩川拓夫「史料紹介　天保期磯別邸の祐筆日記（二）」（『尚古集成館紀要』11号、二〇一二年）
芳　即正『島津重豪』（吉川弘文館、一九八〇年）
『調所広郷』（吉川弘文館、一九八七年）
神原邦男『大名庭園利用の研究　岡山後楽園と藩主の利用』（吉備人出版、二〇〇三年）
北村典子「近世大名真田家における婚姻―近世後期の一事例を中心に―」（『信濃』639号、二〇〇三年）
栗林文夫「「甦る島津の遺宝〜かごしまの美とこころ〜」（鹿児島県歴史資料センター黎明館、二〇一〇年）
崎山健文「島津重豪三位昇進にみる島津斉宣と御台所茂姫」（『島津重豪と薩摩の学問・文化』アジア遊学、勉誠出版、二〇一五年）
「史料紹介「島津斉宣極内密用留」―島津重豪従三位昇進一件」（『黎明館調査研究報告』第28集、二〇一六年）
笹目礼子「一橋家の諸家交際にみる奥向の役割―初世宗尹期を中心として―」（『茨城県立歴史館報』第40号、二〇一

三年）
柴　桂子「真田幸弘の賀集から見た交流―女性の歌を中心に―」（『松代』第25号、二〇一一年）
高木昭作『江戸幕府の制度と伝達文書』（角川書店、一九九九年）
高澤憲治『松平定信政権と寛政改革』（清文堂、二〇〇八年）
千葉一大『松平定信』（吉川弘文館、二〇一二年）
千葉一大「八戸南部家にみる大名の家格問題」（『八戸市博物館研究紀要』第23号、二〇〇九年）
辻ミチ子「近衛家老女・村岡―女の幕末社会史―」（佐々木克編『それぞれの明治維新―変革期の生き方―』吉川弘文館、二〇〇〇年）
徳永和喜『薩摩藩対外交渉史の研究』（九州大学出版会、二〇〇五年）
「『徳川将軍家と島津家』展における幕府外交と島津家」（『徳川将軍家と島津家　名宝と海に生きる薩摩』（鹿児島県歴史資料センター黎明館、二〇一二年）
中田　薫『法制史論集　第一巻』（岩波書店、一九二六年）
新福大建「島津重豪―薩摩を変えた博物大名―展示への誘い」（『島津重豪　薩摩を変えた博物大名』鹿児島県歴史資料センター黎明館、二〇一三年）
根岸茂夫『大名行列を解剖する　江戸の人材派遣』（吉川弘文館、二〇〇九年）
橋本政宣「江戸幕府における武家官位の銓衡」（橋本政宣編『近世武家官位の研究』続群書類従完成会、一九九九年）
畑　尚子「奥向の贈答における菓子の役割―将軍の息子と江戸城大奥との関係を中心に―」（『和菓子』16号、虎屋文庫、二〇〇九年）

「姉小路と徳川斉昭　内願の構図について」（『茨城県史研究』94号、二〇一〇年）
『武家屋敷の表と奥』（江戸東京たてもの園、二〇一一年）
「寺院が所持する大奥関係資料」（『東京都江戸東京博物館紀要』第4号、二〇一四年）
林　匡「島津氏の縁組―重豪・斉宣・斉興を中心に」（『黎明館調査研究報告』第26集、二〇一四年）
「薩摩藩家老の系譜」（『黎明館調査研究報告』第27集、二〇一五年）
深沢秋男『井関隆子の研究』（和泉書院、二〇〇四年）
福田千鶴「近世中期における彦根井伊家の奥向」（『彦根城博物館叢書6　武家の生活と教養』彦根城博物館、二〇〇五年）
「仙石騒動　幕府が介入した最後の御家騒動」（『新選御家騒動』下、新人物往来社、二〇〇七年）
「一夫一妻制と世襲制―大名の妻の存在形態をめぐって」（『歴史評論』747号、二〇一二年）
藤田　覚『田沼意次　御不審を蒙ること、身に覚えなし』（ミネルヴァ書房、二〇〇七年）
藤田　正「伊達宗城の養子事情」（『研究紀要　愛媛県歴史文化博物館』第11号、二〇〇六年）
藤田俊雄「八戸藩南部家における婚姻について―親・婚戚関係を通してみるむすびつき―」（『八戸市博物館研究紀要』第10号、一九九五年）
堀新・鈴木由子・山尾弘「近世大名の離縁―岡山藩池田家と仙台藩伊達家の場合―」（『共立大学文芸学部紀要』第46集、二〇〇〇年）
町泉寿郎「渋江抽斎と医学館」（『杏雨』第13号、二〇一〇年）
松方冬子「両敬の研究」（『論集きんせい』第15号、一九九三年）

「『不通』と『通路』―大名の交際に関する一考察―」（『日本歴史』558号、一九九四年）
松崎瑠美「大名家の正室の役割と奥向の儀礼」（『歴史評論』七四七号、二〇一二年）
三浦忠司「八戸藩の江戸屋敷と藩主の交友」（『月刊　歴史手帖』第18巻5号、一九九〇年）
水谷三公『将軍の庭―浜離宮と幕末政治の風景』（中央公論新社、二〇〇二年）
水原　一「森山孝盛伝　付…娘利佐子『風のしるべ』」（『駒澤國文』第三八号、二〇〇一年）
森潤三郎『多紀氏の事績』（思文閣出版、一九八五年）
山本博文『旗本たちの昇進競争』（角川ソフィア文庫、二〇〇七年）
米田弘義『大和郡山藩主　松平（柳澤）甲斐守保光―茶の湯と和歌を愛した文人大名　堯山』（柳沢文庫保存会、二〇一三年）

事典・図録等

『島津重豪　薩摩を変えた博物大名』（鹿児島県歴史資料センター黎明館、二〇一三年）
『島津氏と近衛家の七百年』（鹿児島大学附属図書館、二〇一三年）
『新編八戸市史　通史編2（近世）』（八戸市史編纂委員会、二〇一三年）
「多紀家墓所」（『文化財の保護』第43号、東京都教育委員会、二〇一一年）
『徳川幕臣人名事典』（東京堂出版、二〇一〇年）
『復元江戸情報地図』（朝日新聞社、一九九四年）
『脇坂淡路守』（龍野歴史文化資料館、二〇〇七年）

年表

年代	月	森山家	月	薩摩藩島津家と関係者	月	幕府・全体
明和元		りさ誕生				
安永二			六 十二	於篤（寔子）誕生 斉宣誕生	十	家斉誕生
安永八	二 十二	孝盛先妻石野氏りめ死去 孝盛後妻加賀美氏りえと再婚				
安永九	十二	盛年（盛季）を養子とする（りさと縁組）				
天明元	閏五	りの生、母りえ父孝盛	閏五 九	茂姫（寔子）、一橋邸へ引き移る 茂姫、江戸城西丸へ引き移る	閏五	豊千代、家治の養君となり江戸城西丸へ移徙し、家斉と改名
天明四	七	りう生、母りえ父孝盛	九	重豪の殿席、大広間から大廊下下之部屋に		
天明五	九	りさ、与助出産				
天明六					六	一〇代将軍家治、薨去
天明七			正	重豪隠居、斉宣家督を継ぐ 茂姫、近衛経煕の養女となり寔子と名乗る	四	家斉、将軍宣下
天明八	九	りさ、熊五郎（盛之）出産			三 十一	松平定信、老中首座・将軍補佐となる 大崎奉公御免
寛政元	八	りつ生、実父孝盛、りさ盛年の子として届			二	家斉、寔子婚儀
寛政二	正 十一	深尾家よりりのを嫁に貰いたいと話有 相対替で屋敷地を氷川に獲得			七	高岳・瀧川奉公御免
寛政三	五 十一	孝盛、目付となる りのと深尾鎌五郎元典との縁組、幕府より許可	十一	斉興誕生		脇坂安董、寺社奉行となる
寛政四		りさ、りそを出産			七 八 十一	家斉嫡男竹千代誕生、生母お万 金剛院事件発覚 尊号一件
寛政五		りさ、竹千代の御差となる			六 七 七	竹千代逝去 定信、老中首座・将軍補佐解任 定信、左近衛権少将となる
寛政六	三	孝盛、御先手鉄砲頭となる				
寛政七	八	りさ三男（土方与膳久慈）出産				

寛政九	十一	りの、深尾鎌五郎元典と離縁				
寛政十	正	孝盛・盛季・りさ・りの真田幸弘歌集に歌を寄せる				
	十一	りさ、与三郎（盛哉）出産				
寛政十二	五	りの、寔子付御次かえとして江戸城に上がる				
享和元					十一	瀧川死去
文化二				斉宣、藩政改革開始		
文化五			二	市田盛常（お登勢弟）、家老罷免		
文化六	三	りそ、家斉付御次として江戸城に上がる		近思禄崩れ		
	六	孝盛、西丸鐺奉行となる	六	斉宣、強制隠居　斉興家督相続		
文化九	六	孝盛隠居、盛季家督を継ぐ				
文化十					十一	脇坂安董、寺社奉行辞任
文化十一			正	篤之丞（信順）誕生		
文化十二	三	孝盛死去				
文政三				重豪藩政後見を停止		
文政五					三	三方領地替、阿部家は忍から白へ転封
					三	寔子、従二位に昇進
文政八		**閑道取次始まる**		郁君と近衛忠熙、婚礼		
文政九				重豪、従三位昇進願い開始		
文政十		りつ、貞章院付から松菊丸（斉裕）付に転任			八	清水貞章院死去
文政十一				猪飼央、家老昇進		
文政十二					十二	脇坂安董、寺社奉行・奏者番再任
天保二	六	盛之死去	正	島津重豪、従三位に昇進	七	浜田藩嫡子松平康寿死去
天保三				調所笑左衛門広郷、家老格		
			夏	重豪、病に倒れる		
天保四			正	重豪、高輪邸にて死去		
天保五			正	寔子より市田美作へ家慶息子の斉彬への養子話有		

天保六				斉宣、薩摩下国	正	お万（御内證）死去
			十一	薩摩密貿易船が新潟港で遭難	九	松平康任、老中辞任
					十二	仙石騒動裁定、松平康任隠居慎み
天保七		森山家窮乏、薩摩藩より援助を受ける		勝姫、薩摩藩へ大帰	二	脇坂安董、西丸老中格に昇任
	十一	孝盛後妻りえ死去	秋	斉宣、江戸へ帰府	三	松平家、石見浜田から陸奥棚倉へ転封
					九	脇坂安董、老中となる
					十二	吉田成芳院、法印、御匙となる
					十二	竹島事件裁許
天保八			八	近衛忠熙江戸下向	四	家斉隠居、家斉・寔子西丸へ移徙
				薩摩藩の長崎会所での交易停止申渡		
天保九	五	盛季死去	四	信順、南部信真の婿養子となる	三	西丸焼失
		盛哉、家督を相続	八	調所笑左衛門、家老となる		西丸再建の上納金
	十二	りさ・盛哉、薩摩藩より禄を受ける	十	信順、八戸藩上屋敷に引移る	十	八戸藩南部家、城主格となる
			十二	斉興、参議（宰相）昇進		
天保十					正	飛鳥井死去
					四	田口喜行、長崎奉行就任
					十二	桂川甫賢、家斉の治療で褒賞される
天保十一			正	近衛家老女村岡江戸下向		家斉病状悪化
天保十二		りそ、寔子付表使に転じる	十	斉宣（溪山）、高輪邸にて死去	閏正	家斉薨去
					二	寔子、広大院と院号を戴く
					五	吉田成芳院、謹慎処分
天保十三					正	寔子、従一位に叙せられる
天保十五					五	本丸焼失、花町・てや焼死
					十一	広大院（寔子）逝去
弘化二	二	広大院逝去により、嶋沢は善妙院、りそは福昌院と名乗る				
弘化三	二	りさ死去				
	閏五	嶋沢死去				

第Ⅱ部

「風のしるへ」翻刻

「風のしるへ」翻刻

〈凡例〉

一　原文通りの改行とした。
一　翻刻に当たり、文中に適宜、読点（、）と並列点（・）を付した。
一　翻刻では変体仮名は平仮名に改め、漢字は現行の常用漢字とした。但し「者」「而」「江」「之」は原文表記のままとするほか、旧漢字などを用いた箇所もある。
一　踊り字については、漢字は「々」平仮名は「ゝ」カタカナは「ヽ」大返しは「〳〵」を用いた。
一　欠字は一字あけとした。
一　原文の抹消はその文字の左側に「〃」を加え、欠損等で解読困難な文字は□□とした。
一　誤字・衍字はそのまま表記し、右側に（ママ）を付し、正しい字が分かる場合は（○○カ）と記した。
一　人名等を中心に下段に注釈をつけた。

翻刻には国文学研究資料館のマイクロフィルムを底本として用いた。

「下書
風のしるへ
利佐子　」

抑々御聞及之通文政八酉年より御閑道
御取次初り、其比かえ当時蔦沢初私とも迄
恐多も君辺御内用其御舘を奉初、所々
御内縁の国守様方極密御願御糸引
中上候様相成り候、おこりと申ハ
有徳院様御取立老女瀧川と申ハ大御番
武藤庄兵衛姉ニ而其比時ニ不合休息へ
引入勤並ニ而被居候、然る處其比台の上
御大難と申ハ　御先代より相勤候高橋の
局大悪ニ而、御先手平塚伊賀守ハ高橋兄弟
右伊賀守娘姪おまん未　御年若く被為成候
上様江けいさくをもって御近□寄りさせ奉り

利佐子—りさ、森山孝盛娘
かえ—りさ妹・寔子付中﨟
蔦沢—かえが中年寄となった時改名
私—りさ
其御舘—薩摩藩島津家
御内縁の国守—島津家と姻戚関係にある大名
有徳院—八代将軍吉宗
瀧川—家治・家斉付御年寄
武藤庄兵衛—武藤安徴、瀧川弟、寛政年間西丸御持弓頭
台の上—寔子（茂姫・広大院）、家斉御台所・島津重豪娘
高橋—家斉付御年寄
平塚伊賀守—平塚為善、寛政年間御先手御鉄砲頭、小納戸頭
おまん—お万、家斉側室、淑姫ほか生母、高橋姪、平塚為善娘
上様—一一代将軍家斉

台の御光りを失奉らんと工ミ事中々
容易成らさる事ニ而、一ツ橋より御附ニ而
被為召連候女中迄一味かたんいたし、誠に
其比ハ　台の上様ニ者白氷の上の御座
とも可申上哉、其比御改正さい中之比合ニ而
御補佐松平越中守殿有廟御孫に
被為当、田沼一件之節御三家様御見出し
にて被仰附候、外老中方も皆御替り被成
不残御寄人ニ而聖賢の権家も一統有難
り候、其比ハ御役人もうつもれ居候隠君
子皆俄ニ御引立有之、扨も心地能御時節ニ
候へキ、御目付十人之内中川・森山・石川のミ
御前も度々有之、せ上の風説申上候事ニ而
尤御補佐を初松平和泉守殿御左右之
ことくニ而布衣已上の役人江ハ到而御近々敷
我々とふしせ上うわさ致し、同様に御密談

御改正さい中—寛政改革中
松平越中守—松平定信、老中
中川—中川飛騨守忠英
森山—森山源五郎孝盛
石川—石川主水正忠房
御補佐—前出、松平定信
松平和泉守—松平乗完、老中
布衣—六位相当の幕臣

被為在日々候様ニ御趣意の御書付いて
唐大和迄たちまち人気直り寝食
安キ世とハ其比ニ候半と今に忘却
不致有難り候事ニ候、かえハ其比未年
若ニ而一両年親類内へ一端片付先方酒乱
にて気病出取もとし申候、悪夫高橋
露顕の元ハ御留守居曽我伊賀守
皆人名人伊賀と申候へ共、畢竟其比ハ
うしろ立有之ゆへと被存候、台の上調伏密
書を一存を以詰所へ取上開封致そのまゝ
御補佐へ持出し言上被致候間、夫より
露顕一味名前明白ニ而すくさま賢者
御両人御側御用人本田弾正大奥へ
被廻、高橋其座を不去御いとま庭木迄も
其夜之内引払候様ニとの被仰渡一味の
女中同断其夜の内下宿被仰付、亡父

かえ、深尾鎌五郎元典に嫁す

曽我伊賀守―曽我助簉、留守居

〔金剛院事件〕寛政四年八月二十三日発覚
本田弾正―本多忠籌、側用人

退出なそ夜九つ前ニ相成り候、其時跡の
取計出来老女無右瀧川被為召ニ付
早速登城被致　台の御光りも已前
之ことく被為成、おまん方も勤出来かたき
處　台の上格別の御慈悲すかりは
餘り厳敷参り候間　上への御愛想ニ
万事者何事も不存候事ニ候半、其まゝ
差置候様と御台様御一言ニ而無事ニ
被勤候、竹千代様を奉初御四方様も
御誕生被為在候へ共、御壱人様も御繁昌不被為在候
御内證様とハ称し候へ共はへ無、五十餘にて
先年御はて被成候、御補佐も其後
先洞様神田橋様御意味合ニ而関白様
御引合之由御引被成、御勤功ニ依而少将被仰付候
御補佐御引被成候とたちまち世の風俗
かわり手廻しく当世にうつり候、人は

御台様—前出、寔子
竹千代—家斉嫡男
御四方—淑姫・竹千代・綾姫・女児（お万が産んだ家斉の子）
御内證—前出、お万、天保六年死去
仙洞—光格上皇
神田橋—一橋治済、家斉実父
関白—鷹司輔平
少将被仰付—定信少将になる
御引被成—定信老中を辞任

立身も致し被用候へ共、御補佐の賢慮
自分心に染渡りさほに心を立とをし
候、親なそハ何となく墨付あしく相成り
雫計を廻り御槍奉行迄にて引入
七十五歳之節御奉公治し奉り、哥道筆道を
楽しミ七十八ニ而終り候、老女瀧川殿も大功
相立八十六歳ニ而遠行被致候、生涯別段ニ
台の上より三百両宛被下置候、かえハ右瀧川殿
すいきょニ而被申上、此者ニ置候てハ御請合申上候
一端縁付も致し酒乱法当の所へ参りこり〳〵
致し候身分ニ候間、中々　御前なそ□□□
奉成候様成る不実者ニハ御座なく、至極正直
者にて親兄弟皆たゝしく候間　御心不被為置
被為召遣候様ニと被仰上、一年計御次相勤
直に御中﨟被仰付御側を御はなし被遊候てハ
御不自由と申事ニ而役付不申、近頃ニ至り

槍奉行―幕府の鑓を管理する役職で平時は勤番もない閑職
七十五歳―文化九年奉公辞職
七十八ニ而終り―森山孝盛死去、文化十二年三月
八十六歳ニ而遠行―滝川死去、享和元年十一月
かえ、寛政十二年五月奉公に上る
御前―前出、寔子

漸々中年寄被仰付候、是迄認候處根本者
年月前後慥ニも空ニ而覚へ不申候、いまた
越中守殿御勤役中、かのおまん之方御懐胎
両度目ニ而此度者御男子様に被為在候半
今迄御誕様方御そたて方よろしからす
御補佐の思召ニハ御乳上方御扱方すへて
子とも持不申候女中勝手も不存規定計
立御躰へひゞかせられ候事を考なくしせんと
御虚弱ニ被為成候、畢竟下格之者御さしに
出候間、不場馴気おくれ致し恐多御成しも
為申かたく御添乳なそと申事上々様ハ
且而あらせられぬ事ニ而、此度　竹千代様御
誕生あらせられ候、未大奥余毒残り色々おだ
やか成らす、御補佐の思召に大将御生立
申上候ニ、近来候ことく御乳上方御扱に皆子を
持ぬ女中規定計組して御躰へひゞかせ

〔御差の人選改革〕

御さし（差）―乳持、子に乳を差し上げる女性

竹千代誕生、寛政四年七月十三日

られ候事を不奉察、しせんと御虚弱に
御盛長被為成候間、此度ハ格式有之両番
已上の者の妻をゑらミ御添寝御なとも
申上与得御快御乳召上り候様ニ致し度と
御趣意ニ而御目附へ両番已上たとへ役
人の妻たりとも乳よろしき者ハ申上候様
被仰出候、然ル処一向其御趣意弁へさる
事故御断のミにて申上候者壱人もなく
こゝにおゐて御補佐被仰渡候者、目付衆
より先出し見せ相頼ハ申ハとても出し
申間敷と被仰候ニ付、十人之同役相談ニ
及候処、妻娘ニ乳出候者多くハ是なく候内
間宮諸左衛門・森山源五郎両人之外是無と
相成候処、間宮ハ差かゝり乳ニ腫物出来候由
申御断申上候、亡父源五郎元より武人
生質金鉄のことくゆへ冥賀至極の事

両番―書院番と小姓組

間宮諸左衛門―間宮信好、寛政元年十一月目付→寛政六年勘定奉行

万一御用ニも相立候へは宿ハ召遣ニ而くるし
からす女迄御奉公申上候事願候而も無之候
養子与一郎ニも申聞梨佐子被召出候て
三ヶ月計も相勤候内　幼君御逝去にて
下宿致し候、其比も大奥ニ而ハ御表より
被入候隠しめ付と申殊之外いミきらい
候得とも、御側御用人本田弾正此度之御
さしハ御趣意あつて御表より召抱
られ被為進候強丈ニ御出し被成取扱も
今迄の御さしとハ違巳上の取扱ニ致候様
ニと被仰渡部屋も二ノかわ御寄部や壱人
部やニ被下候間、女中向ことの外むつかしく宿へ
通路一度も不為致水火の中のくるしミ
被為致候、御男子様故惣領倅妹の乳ニ而
召出し候、其後星霜おしうつり色々
家門のせいすい時有て甚困窮ニ及候

与一郎―森山盛季
幼君―前出、竹千代

巳上―御目見以上
二ノかわ―長局二之側

事ニ成りぬ、其節恐多もかしこくも
台の上被為聞召甚御御配慮の御恵
深く、其比ハ白かね様江御閑道御内用之
御事御すくひ旁と被仰付、安芸守父子
被為召御懇の御沙汰を蒙り御近々敷御立
入申上候様ニ相成り候、弥冥賀を存上ひつしに
御用弁御糸引相勤候内　老大君三位
御昇進御願候義、白かね様御発願ニ而被仰上
候得とも、老君御承引不被為在候ニ付、何卒
台の上よりしいて被仰上被下置候様ニ
かえより申上させ候様ニと被仰含候段を
白金御茶屋有隣亭へ私母子を被為召
御差向、伊木七郎右衛門殿持座ニ而被仰含候へ共
左様急ニ上々様御はこひ被為附候御模様ニ
あらせられすと御即答ニ廿日計御日のへ
奉願退散、越後二反頂戴、其比より溪山様

白かね（白金）様―島津斉宣
安芸守父子―森山盛季・盛之
老大君―島津重豪
　天保二年正月十九日従三位昇進
私母子―りさ・盛之
伊木七郎右衛門―薩摩藩士
溪山―島津斉宣

御引つゝき三位御願之御気さし被為見候
老君ニハ御十分の御繁栄、此上御望更ニ
あらせられす神田橋様御的例ニあらせられ
候間、御寿命程御大切の事ハあらせられす
御百歳迄御断と被仰上候、台の上ニハ御尤至極
と御沙汰ニ而御取やめに被為成候處、又候しゐて
御願立ニ相成脇坂様を以老君へ色々被仰上
漸々御承引被遊御願出候、其後三位御昇進
被仰出御間も不被為在、御大切之御容躰と被為
成候と、左迄日々白かね様より御閑道御通路
被為在候御便りひたと相やミ候、私考候處
阿部様御一件なその節ハ三十日ニ御内書の
御取次御切手ニ而通ひ候右御切手三十四五
枚かさみ候、三位様御大切ニ被為成候節こそ
色々御相談可被為在筈之處、一向右御模様も
不奉察いかにも心成たる事とハ存なから

的例―よく当てはまる例

脇坂様―脇坂安董、龍野藩主、天保七年老中

阿部様―阿部正篤か

御切手―御広敷に入る切手

三位様―前出、島津重豪

雲上ニ而ハ万事私心得居候事ハ御存様ニ
被為成候へ共、白かね様ニハ未左程ふかくも御
打明ケも不被遊候時分故、何事もひかへ居候
半か、此御時節万事御手筈被為違候歟
大イ成る御不都合御いら立ニ被為成可為成候
甚腹ニ居兼其比中藤御出被成候、おそる〳〵
其意を申候處中印御答ニおまへか被仰聞
候段申立よろしく候と、可申聞候へ共、誰か申
候とも無てハ申聞かたくと被仰候御尤ニ候へ者
致方無捨置、又間有之宗無被参候間咄
候へ者、生質うつりもはやく口ハ恐なしと申
仁故夫ハ捨置れすと是ニ而ひけ候處
案のことく雲上ニ而ハ色々思召被為在候事ニ
候得とも、もはや皆後手ニ被為成御筈違と
相成、一躰何人被申上候哉、未極御大切ニも被為成ぬ
内万々一ノ節者なそと御内話被為在候事ハ

中印―伊集院中二、薩摩藩士、斉宣付御側御用人

宗無―白石宗無、薩摩藩士

御不孝御不実と申なく御とめ申上候仁も
御座候哉、雲上の御趣意ハ未御案しニ茂
不被為到候御年ニ候ハゞ左もあるへく、もはや
極御老躰御後々の御事迄とくニ御直書ニ而
被仰上被為置候御事ニ候間、大キニ御筈ちかひ
かねて雲上思召と違御閑道御通用此時ニ
至り御不用と被為成候、是ハ御側ニ而御差引
被成候人々上の御様子御不案内ニ而見当
違より御内々御相談も無、三位宰将一時ニ
御願被仰上夫より大変と相成　台の上の
御立腹容易成せられす、三日計も御上りも
常とハ御違被遊強御かんしゃうはつし御持病
おこらせられ御ふかへにあらせられ御扱申上候者とも
手にあせにきり候よし、未其比山崎宗運も
居候事故、早速御針等差上御療治為申上
なそ致、其比蔦沢かえ与申候時分ニ而かね而

山崎宗運―奥医師法眼　竹千代奥医師

宗運ハ古老ニ而抑々むかしより　台の上
御容躰も心得居年来御力ニも相成格別ニ御随身
申上候老人故かえよりよく〳〵内話いたし候にも
上の御様子心得居候間、何事も　上之御事ハ
かえニ計談候間よく〳〵申含脇坂様へ
申上、脇坂様もかねて老中御願御大願者
老君へ被仰上、雲上へも老君より御願
遊ハし被為置候事故、格別ニ御引受被成漸々
かなりに御立腹も納り申候、雲上ニ而ハ
此度切御不通ニも可被遊由、御沙汰ニ候へとも又
御家の方にてハ餘り御近々敷候間御助言等
あらせられ面倒故、幸ニ御表向規定通り
計ニ致し候方よろしくと内評も被成候方ニも
有之趣も極密承り及候間、こゝにて其
御家より右様ニふさまニ被奉成候てハ　上ニ而ハ
御立腹なからも御真身ニ畢竟被為思召候より

おこり候事を是ニ而御とを〳〵しく
成らせられ候ハヾ、又おのつから御心痛ニも
可被為成御楽しミの御張合もぬけさせられ
候半と、かえと評義致ししらぬ顔ニ而此方より
わゝけ参ると、又重役衆左候ハヽ、用立たけ
御威光立候てはてハカ様と深キ極意
御座候事と今更察し申候、女寄合ニ而
致し候事ハ知をふるふ積りニ而も愚成る
者ニ而其處迄ハ其時ニハさつし不申、よき
上ニ茂能様ニと年来心配致候其島津様
にも御承知候通太守様より少将様江の御内書
亘殿極密御持参ニ而少将御昇進御願候
御沙汰あらせられ候由ニ候へ共、其比中々太守様
白かね様とも御昇進事可被仰上雲上
の御模様ニあらせられす候間、無ちへをふるひ
御手前様御忠功御願と申立　上向御調子

少将様―島津斉彬
亘―岩下亘、薩摩藩士
太守様―島津斉興

合御糸引致し候間、飛鳥井殿土岐豊前守
請もよくまんまと御成就被遊候、其比
いつ比にてや時日おぼへ不申、亘殿上布五反
御持参被成、今迄ハ白金計御内通申上候へ共
已来芝様御用も御糸引申上候様ニ被仰付候由
御申被成候、其節私行不届何の弁へもなく
畏候と御請申上候、御一統御同心と心組候所、跡
ニ而ハ中印なそより御恨を請候、いかにも人品
能亘殿弁舌ゆへふと乗候事私愚前
生涯のあやまりニ御座候、夫より土州様
急御用極月廿日夕より発端ニ而廿四日迄
相とゝのひ上下御助ケと相成候由、又候其後
渓山様御下国一条、是者御存候事故不認
候得とも後候てハ御手前様御国政よろし
からす、くわつ成る御遊興多御国政乱候間
翌年太守様御取直候ニ少しも早く御下国

飛鳥井―家斉・家慶付上﨟御年寄
土岐豊前守―土岐朝旨、御側御用取次
芝様―前出、斉興
土州様―土佐山内家
渓山様御下国―斉宣帰国（天保六年～翌七年）
御手前様―市田美作義宜、薩摩藩家老

被為在候と申事ニ御座候、其比御手前様
折角御力ニと再勤被仰付候處、当地に
御居付不被成、其上溪山様迄御連申御出
と申候處なと不天ニ而中印を色々ニ遣
申取漸々納り候、其後御退隠一条是
刻初御不都合ノ節雲上より大鎗出候比芝
ニ而調所・猪印初今ハ先御沙汰ニまかせ置
段々計作を以年数を過し程能比か様と
兼而仕くわせ御座候、初発のもくろミへ帰る
處ニ御座候、嶌沢も是ハ容易成らぬ心配
いたし候へとも、上の御沙汰ニとても市田を
よける人有と見へるから折角再勤も
為致候へ共、遠国隔候へ者つら〳〵近く打合も
出来ぬ事故、一々内意も不届年来
心組候向方ハ多勢と申物ニ而せん方なく、
功成とけて身しりそくの俗言ニならひ

調所―調所笑左衛門広郷、薩摩藩家老
猪印―猪飼央尚敏、薩摩藩家老

市田―前出、市田美作義宜

美しく引候而日和を見るがよろしかるへくと
御内話ニ而夫に極り御内通も申候事に
御座候、猪印を以芝様より被仰下候者市田
勤候而ハ国政納り兼候、御家の御例格者
家老隠居料百石宛ニ候へ共十ばいニ致
千石ニ成可被下候間、隠居為致度との御内
願、其通申上前文之通御内評被為在候上
隠居料候處ハ国中万民上をさみし
可奉處もいかゝ故御我意ニ茂不被為当
候様ニ中を取程よく被仰付候様ニとの御沙汰
ま事ニ恐入候、御かん弁ニ而心有者ハ感心
致し有難り候、右之御評義初り候前ニ中印
初発よりの訳も候間御内談申度と山々存候而も
其比ハふつと御出無態々御出被下候様申入候と
直ニ其段被仰上候間、何事か何を申候と御致
被遊御尋被遊候間内證の御談し可致候様なく、

御近親喜左衛門殿是こそ間違有ましきと
内々御問合申候處、喜印被仰候ハ市田初発ハ
甚評判よろしく候所近比仁方《ちんぽう》よろしからす
人気ニ障り候様子ニ候、中ニも何とも申間敷と
御答被成候後候て季候をはかり候ニ深くも
工ミ候事と考気付候、喜印ハ誠ニ正直
一へん中印ハとんと近比御すへ物男女とも
置物と申風聞ニ而実ニ折入御談し申
場合御座なく嶌沢ハ君辺こそ委しく
申下し候へ共御面談近掛合の間きさみ
あちわひ候處、私壱人色々工風考候處
符合致候、談合ハ喜印御聟伊集院宗置
人ハ能しくニ候へ共未年も若く当世は能方へハ
なひき安く是をいつか猪印なつけ此人より
喜印へいつとなくいわせ置候間正直心より
真請ニ被成外成らぬ御聟の実事咄ニ折々

喜左衛門・喜印―伊集院喜左衛門、薩摩藩士

伊集院宗置―伊集院喜左衛門婿、薩摩藩士

被申候事染込候と相見へ候、孫宗次郎
猪印鎌倉御代参候節たつて御同道被成候半と
ひたすら御誘引被成候へ共、母の服中と御断申
候得とも仕切て御すゝめ被成候、一躰当家ニ而者
平氏ゆへ不勤候内一度者皆内々参詣為致事ニ
候間少々心うこき嶌沢方へ相談いたし候處、
御聴ニ入夫ハ幸の事台の上より服御免
可被成下候間慥成る同道ゆへ遣し候様ニとの事
けつ定いたし嶌沢蒙仰候申伝への書面を
懐中為致十四日出立致し候処、十三日迄出立の
世話致し候輿膳急変ニ而夢のことくの心配
出来私難渋心配たとふへき事無老すいニ而
しとなき安芸を扱旅先急飛脚等立
容易成らさる難義致候、差合日数相済
猪印御世話ニも相成候間上下御挨拶為致
度心懸候処、其沙汰猪印へ聞へ奥方より

宗次郎—森山盛久、りさ孫
母の服中—盛之の妻小谷太郎右衛門娘天保八年八月二日没

ひしと御断ニ而普請ニ取かゝり候間御出かたく
御無用と申事いかにもふしんの模様ニて手の
裏返候ことく御調子何分合点参す候所、
兼而御次男方と宗次郎御近敷被成候間いつも
案内も無通り候位ニ候所、此度ニ至り参上
御断の事甚ふしんニ御座候、かまくらへ御連被成
真身の躰と御殿なそへひゝき候様ニとの御手段と
後々存当り候、妙清院殿名跡御残し被成候様
猪印四男鎌蔵花と申名字ニいたし
万事花印一せたいたくわへの宝皆猪飼
入候様ニ御仕立ニ而其上お百十方御宿吉川へ
猪印惣領娘溪山様御中人之由ニ而相談
出来是なそ懇縁の御新造子迄御座候を
り縁ニ及、おようとの被参高輪ニ住宅も
御座候を御向屋敷猪印御住居屋根つゝき
普請出来聟とも引取、花も任事ニ而

妙清院―重豪側室富貴（石井氏）

花印―妙清院
お百十―斉宣側室・真如院、松平定穀・晴姫・寵姫ら生母
御宿吉川―橘川（吉川）次郎兵衛

御自分御住居も惣普請と申事ハ溪山様
奉始少将様・篤様御入申被成候、御仕度候由
左様事御殿へひゝき候節、口ふさきニ
宗次郎かまくらへ御連被成候事と相分り候
猪印ハ御自身無左もとらしく被成候へ共、奥方ハ
忠も義りも情も存無人物ゆへ皆ばけあら
ハれ申候、其後太守様宰将御願御閑道
より被仰上候、発端西丸へ　両御所様ニ而
御移り被為在候ニ付、御家ハ一通り成らさる
御由縁ニも被為在　両御所様御繁栄中々
容易成らさる御栄にて年来をかそへ
又候　両御所様ニ而西丸へ被為入候事古来
まれ成る御栄花、此時節一通りの御上﨟
にてハはへ無事と申處より台ニ而御取
次被遊御茶屋又ハ壱ヶ所の御庭とか御内々
より御上ケ被遊度と極密御伺ニ相成り

少将様・篤様―斉彬と篤之丞（信順）カ

太守様宰相御願―斉興参議願い
両御所様―家斉・寔子
天保八年四月家斉・寔子西丸へ移徙

候處、未其比ハ土岐豊前守取扱ニ而飛鳥井殿とよく申合届、薩御内々なから左程の御上物被成候者、定て御願あるへく左候へ者御手許より出候而ハはへ無候間、表向御上金ニして御願よろしくと御内意被仰上、早々御閑道より御内通下り候て十万両御上金と相成り候、しかも調所手前へ初而御出ひたすら十分之所申上呉候様ニと御申被成候、喜印も御同道にて同座とも〳〵御願被成候、其後大奥へ豊前殿より少しも早く御願出候様と度々御内々御さいそく御座候訳者、其年薩州様御手伝八万何千両とか被仰付候にて御上金御願出候得者夫ハ御取やめに相成外へ参る事のよし左候へ者十万両の御上金ニ而も差引わつかに当り申候カ様候事ハ台の上の御光りニ而当時ハ豊前殿・美濃殿なそ雲上を恐被奉

美濃殿―水野美濃守忠篤、御側御用取次、家斉御用兼、妹は家斉側室お梅（真性院）

候事御側近き女中なそのふり合とハ大
違故、右候通御都合能様ニ心配被致候間御手伝
は参らす、且又宰将御願義老女衆更ニ
気附不被申従四位下ニ被為在候間、上の御願
ニ茂候やと中様な事ニ而夫を段々御内話御糸
致漸々分る様ニ取扱、其後御表方ニ而ハ兎角
上四位ニ而こじ付可申趣ニ相聞江候間、近衛様
よりの御願ニ致し候処御願書出候方むつかしく
諸太夫権門家来直談ハ不相成、老中ハ公家
衆直談是又不相成、御規定こゝニおゐてさし
つかへ又近衛様より飛鳥井を以大奥へ程よく
被仰立万事雲上向御都合ハよろしく候へとも、
三河様御初御むつかしき時節故、上ニ而も容易ニ
御拝答被遊兼候而極差詰り紀州様へ取付
漸々天の岩戸を開キ候事ニ相成、其間やゝ
年を越候事故色々さま〳〵朝夕壱人の老婆

近衛様―近衛忠熙

三河様―松平斉民、津山藩主、家斉息子、天保七年頃旧高復帰をめざし、瀬山らに働きかけ

紀州様―徳川斉順、家斉息子

先々は御掛合之方々数人より御文通千辛
万苦致し候、其比猪印ハ一日置日々もとの
御用ニ茂御出被成、長キ内ニハ朝ニ夕ニ御出被成事も
御座候上下ニ而ハ数の御人数折角節候ハ戴物者
御座候返却の物入ハ少しも厭不申候へとも
手数心配ハかり候事薩州様の事ニのミ万事
捨置掛り居候訳と御座候、此趣ハ発端前渡りニ而
か様候訳と申迄ニ御座候、両御所様御児君の
御比より被為揃御本丸へ被為入御栄なミ成らす
御年も積らせられ御栄花此上もあらせられす、
又候西丸へ被為移候御事古今ニ御例も無承
御事ニ候得とも、おまんの方初香林院様其外
当時おみよ皆上も無身分不相応と仕合に
候へ共、台の上ニ者やゝも致而者武家〳〵しく
眼前御付重キ老女衆迄おとしめ奉り候間
図ニ御随身申上候者ハ心外ニも存、又三位様ニ者

香林院―お楽、家斉側室・家慶生母
おみよ（美代）―家斉側室、溶姫ら生母

御昇も被為在候へ共御退隠の御上ニ而天下
の御はれも薄く　御台様御願申上候て
御枝葉の御幸のミ多　御自分様御家へ
御名聞被為残候御事きわ立てハ不被為在候、
御代の内宰将と被為成候へ者加賀も御同様
の御事、日本に御壱人之加州様御跡からニ而も
御ならひ被成候御方様被為出来候へ者先よりのハ
先ツ御まけと申かたちニ而是ニ而こそ御家へ
台の上の御光り被為勝、中国九州筋ニおゐて
宰将様御関札立候御例旦而無之候て
右御昇進ニ付、猪飼三百石中比御慶事之節
五百石碇山弐百石御加恩被仰出候由、調所ハ何比か
七百石と申事是ハ風説ニ承り候、御下国ノ上
碇山より御礼御文通ニ此御恩生々世々忘却ハ
致ス間敷老母初へ申聞せ候へ者落涙いたし
有難かり地ニ向九拝いたし御礼申上候、氷川の

加賀―加賀藩前田家

関札―参勤交代の道中で大名が宿泊した本陣や宿に立てる札

碇山―碇山八郎右衛門久徳、薩摩藩側用人

氷川―森山家の邸宅地

方足ニハせぬなそと御国ハ碇山より御文通被下候、いまた
御参府ニ成らぬ内御失念と相成り候、当世者
実義と申筋ハ用さる事と相成候やと笑
居候事ニ御座候、溪山様御願ハ右三位様の
御引つゝきニハ少し参り兼候半か、夫も是より
雲上ニ而御勘弁あらせられ御事ニ而御筋を
かへ御もくろミ付ケ被為置候、何と申も太守様
御昇進後一ヶ年御国被為済国中之風聞其外
取結程よくとを候所より申出し段々御道
付候事を去年より致し有之のと候所、中藤御付
芝様相済候而さあこちらと申様ニ被仰候へ共
雲上の雲行中々左様も参らぬ事ニ御座候、
御待兼か又慥ニ申上候人口を御正直ニ御聞入被遊
候哉こと様候筋より御手入あらせられ十分ニ御成就の
思召ニ候所御位階被仰出候、其比ハ雲上者
雲たち候比ニも候中ニ而取計候事と被存候、

台ニ而ハ一向御存あらせられす其比下さまの所より
私方へ難かりニ手か廻り候間、答ニ抑々嶌沢も
心得居候事ニ候間、此節御成就ニも候ハゞせひ御沙汰
あらせられ筈ニ候へ共、更ニ不伺候而早々伺ニ上候而
御挨拶可申と申置御内々為セ候所夫はかねて
嶌沢も存居筈事ニ候へ共今更一向左様の
御手立ハあらせられすと申御内沙汰故、右とひ
かけ候向へ私答ニ承り合候処、御東向ニ而者
左様之御沙汰一切御座なくもし近々御十分ニ
御成就ニおゐてハ当時流行神の利益と
おぼしめし候様ニと厳敷はねけし候と
案のことく御位階被蒙仰候、雲上よりハ右如案
未一向御趣意御わかり不被遊と被仰下候、何も今
御位階御願被遊候訳あらせられそふも無物と御笑
被遊候よし、且又少しの内ニ而も年立人かわり
候得者万事違候へ共、已前諸大夫御願一件

御東向―前出、寔子

諸大夫―従五位下

脇坂様三度迄御願被成候節、御家ニ而万一
大夫被仰付候ハヾ御由縁御座候市田美作
左もあらすハ大夫不被仰付候様ニと申事者
豊前殿水野出羽守殿より出居候、夫を猪印
存被居候間とても　台の上御聴ニ入候てハ
成願成らすと宰将様と御自分出精いたし
候積りニ言ふらし、氷川へ度々参りほね折候由ニ而
中比三百俵御褒美御戴被成候、又御成就之上
五百石御戴被成候、其御加恩何から出候半や、皆
台の上御威光より出候事ニ候處、初発の工ミニ
かへり此上御自分大望ニハ　雲上を対し
奉御閑道筋皆立切殊をなさんと取計候事ニ
御座候、角有御文通皆私方ニ取持致居候
間、此節ニ至り御閑道取やめに相成り候上ハ
無益の事候と御手許へ上申候、御一覧之上
御火中可被下候、菊池東原次男清水御舘へ

水野出羽守―水野忠成、老中、沼津藩主

菊池東原―元幕府の役人、重豪に召されて御伽人となる。
種々の機密に参画
次男黒川善右衛門が御三卿清水家の近習番、孫も清水家
御伽

実子養子と申ニはいり段々成立御近習番
相勤候處、御残りニ相成候所東原力ニ而紀州之縁を求おくれて
御附ニ参り才人故不恩羽根切申候、当妻ハ
尾州御同朋孫ニ而已前巳上へ縁付娘壱人
りう産り縁ニ相成其娘を置黒川へ縁付候、右娘
私孫無比ふと貰置候と　御聴入たつてと
御沙汰ニ而十一より上り十四ニ而御中﨟被仰付思召能
相勤申候、黒川ニ者縁も無候へ共母の縁ニ而荒増
心安成行申候、芝様御心願聞出し尤より
高輪様ニハ東原御縁を以御奉公も申上度と
申ニ寄一へん御意も蒙り紀州様へ委細
申上御心願一端者御用ハ弁し申候、夫を功ニ
難渋申掛心底甚さみしと訳ニ御座候、私へ
かよう難たい之文通別紙ニ御めに懸候、右躰の
人物一端ハ御同前と左程の難物とも不存、東原
悴故よもや御やしきへ奉対不実も致し申間敷と

私初存候へ共、右腹中あらわれ候上ハとをさかり
可被申筈候處、御糸引申候私ともをとをさけ
黒川へしたしミ手前門前脇を廻り毎度
猪印御出被成候由戊ノ九月十五日ニ水美濃より極御内々
御昇進御願御模様よろしく、程なく可被仰出候と
飛鳥印へ御内意被仰上候事もかり合人故
悦候半と内々申遣し候所、雲上より早々もれ
候て大おこりは、其後雲上より御殿文通もとめ
候様成る不義不忠之心底ニ御座候、夫へ自分の
事頼候半と先々またき御付合被成事大国の
大老職とハ不被存候、且又何人か高輪様へ
何と申上候にて先々の御但しもあらせられすに
種々御閑道の御密事迄御洩し被遊分も無
御断も無御不通ニ被為成候事、第一上へ御対し
被遊御ふ実御そこつの至りと乍恐奉存上候
少将様事ハ私とも御取扱を以ミす〳〵御願

戊―天保九年
水美濃―前出、水野忠篤
飛鳥印―前出、飛鳥井
高輪様―斉宣

御昇進的面ニ御成就被為成候へ共、御亡被遊
有馬様御随身より万事思召かわらせられ
候へ者致し方御座なく候、是非ニ不存候事ニも候
高輪様ニも平瀬と申老女御側ニ居候而ことを
計候間致し方御座なく、是ハ成芳院伯母とやらニ
御座候、少将様御側ニ而若年寄御中﨟と
やら成芳兄弟かありニ而出居候、成芳末の妹
おみよ願ニ而御東様へ召し出し花岡世話子ニ
致し為勤御側候事立きゝいたし成芳又ハ
み印へつけ候よし猪印少将様を御すゝめ申
おみよへ取入先方のおもふ図へ被乗候よしニ御座候
私とも歯をかみ候者たとへ如何様之御望あらせられ
ハとて御家ニ而御めしつかいニ御手を入られ
御成就あらせられ所か御本意もあらぬ事ニ而
台の上の御光り被成候てハ有難もおもしろくも
無事ニ御座候、他家様方ハ御家来〱

有馬様―有馬頼徳カ有馬頼永、斉宣娘晴姫の嫁ぎ先
平瀬―高輪様（斉宣）付御年寄
成芳院―吉田成芳院、奥医師、家斉御匙
御東様―前出、寔子
花岡―寔子付中﨟頭
おみよ・み印―前出、お美代
御めしつかい―御召仕、当主の御手がついた女性

勤功と御手入御座候、如何様之横道ヲして出来
さへ致せは御手柄ニ候へ共、御家之事ハ別段ニ
あらせられ候事と私にも風情迄も心を極メ居候
すてニ私方なそ　上ニ而ハ年来格別ニ御恵
戴御引立被成下置候へ共、我々の事ハ雲上
御光りハとを御仁恵程と者参り不申候へ共
石翁へはむき立身出世致と存寄毛頭御座
なく、石翁も殊之外はねられ申候、夫ハ雲上へ
片向居候間、殊之外の首尾ニ御座候へとも中々
ふた心を遣い存寄毛頭御座なく夫ニ何
そや御家の重臣ニ御出被成なら餘りと申せは
不忠不義成る御事ニ御座候、去秋川村赤贍
奥医師ニ可成もくろミ叔父のつゝきのにて
御匕吉田成芳院引ニ而もはや相違もなく
亥ノ秋の初奥へ入と申事俄に御東様御聴ニ
入、御家より奥医師出候而ハ　大御所様其比

石翁―中野清茂、お美代養父、御小納戸頭取、文政十三年隠居

川村（河村）赤贍―薩摩藩医

大御所様―家斉

御容躰中と申甚御不都合ニ被為在、すてニ
先年北村良宅娘奥之番神田但馬守と
縁組被致候節、薩州産物にちくはり候と
御聴ニ入、川村なそへ御閑道の事しれ不申
候様よく〳〵高輪へ通し置候様ニとくれ〳〵
御沙汰ニ而其段喜左衛門殿江御伝へ申候所、喜印
御答に川村ハ中々左様之仁物ニ無之けして
御閑道御用なそもらし候者ニ無之御気遣
不被為在候様ニと御請合被成候間、其段も有躰ニ
申上置候、尤其時ハ北村・川村そんし合候て
上の思召違ニ御座候、当時御匕成芳院も川
村も至而見掛にうわおんとうに見へ候得とも
極悪人ニ而此節　大御所様御容躰ニ而
世こそつておそれをなし候事ニ御座候
如何の趣意ニ候や深キ存意有事と被存候
妙法の外神仏無と心得向伝方ニ而おみよ

北村（喜多村）良宅―薩摩藩医
神田但馬守―但馬守とあるが天保八年に奥之番となった若狭守将純ではないか

引立未四十ニ成る成らぬ者を大御所様
御匕と被仰付自分甥と申事ニ候半か
如何ニ候哉、川村片相手ニ奥へ引入可申
工成就近ニ相成台の上の御聴ニ入候間
川村おくへ入候而ハ相不済と御閑道御訳合
も何も勝手も不存塩梅も弁へぬ身分ニ而
老女衆の調子も不存御家より奥御医師と
成り候てハ殊ニ寄　御前大御めいわくの
筋も出来、夫ニおみよ成芳申合奥へ入
候からハ今迄御前御閑道より色々御差
図被遊候事をみ印皆いわせ候積りニ而
左候へ者み印自分都合よき場合計を
御錠口へ申上候ハ実定ニ而夫ニ而ハ御前
思召御やしきの御都合根より堀（掘カ）かへされ
候とをりニ当り川村御にくミ被遊候と申
訳ニ者毛頭不被為在候へ共、奥御医師と也

（原本破り取りあり）

の身分致し方無候と例の御調子と大違猪印
被仰聞候間、左様ニ候やと御請申置候、すてに
南部様の節なそ私へ御対し被成南部の事
ニ付、わたくしか大キニほね折候様ニ仙波なそ
参り候ハヾ御咄被下候と御願被成、常々極御内
話御さしつまりの事は何ニ不寄一々御願
被成なから候、川村の事ニ付殊改り不都合に
承り居候、私方ハ例之通　雲上御沙汰の
とをり嶌沢申越候へ者其通り御通し
申、又其御返答も其まゝを申上候事に御座候
間構ひ不申候へ共、常ニ違川村の事ハ何か
御口ふり大違故ふしんニ存居候、弥成芳取
こしらへ頭取なそ異見被致候由ニ候へ共何分
承引無之所々手入致し益成就と極り

南部様―八戸藩南部家一件
仙波―仙波市左衛門永賛、薩摩藩士、斉宣付小納戸→納戸奉行

候處、一夜之内ニ引かわり川村奥江入候事
相やミ申候、さすがの法印も是ニハ大キニ
筈違候事ニ御座候、成芳悪意此節者たゝ事
成らすと宮中申合よしニ御座候、両
御所様御大病御容書《躰》、御東様のハ朝夕ニ
申参りつら〳〵左伺少も御異変あらせられ
候節者幾度も此方よりも伺西丸より申候ても参り候
おのつから大御所様御容躰も伺候事ニ御座候
台の上御容書(躰カ)ハ御重役方後々の御
めさましニもと日附致仕廻置候、大信院様御大切
之節さへ御閑道より実々の事不被為聞候てハ
御案心不被為遊、正めいの事計申上候事
まして年来雲上江ハ溪山様より格別ニ
御したしミも被遊候事、此度之御大病表向
奉文計御当テニも餘り御薄情の到りと
右之事も申上候へ共一向御取上御座なくせひニ

〔家斉死去の真相〕

大信院—前出、重豪

不及、其後者極御むつかしき節も不申上、乍
併御高運ニ而御東様ニ者御出勤《十二月十六日》被遊候
大御所様ニ而甚以御大切ニ被為成候、おみよ方
何分成芳院御薬成候てハ上ぬと申御用
かゝりも老女衆も手を取　公方様十一月十四日
御　本（西カ）丸へ被為成候て殊外御立腹大さわき
と相成右御沙汰より力を得漸々御用掛り
頭取衆もさわき多喜安淑廿四日ニ御手
替りを被仰附候へ共、何分安淑江相談も
不致御調合も為致不申御法書計請取
自分配斎致し候由　公方様御さじ
小川龍仙院しゐて申上桂川甫賢被　召遣
候者此時の御用不被仰付候てハ御不用の者と
申上おらんだ寄法差上候ニ付而ハ御外科
の事故御製薬かゝり真名瀬養安院へ
伝受之積りニ御規定立、実ハ甫賢より

御東様―前出、寔子

公方様―徳川家慶

多喜（紀）安淑―元堅・楽真院・楽春院、奥医師、法印

小川龍仙院―奥医師、法印
甫賢―桂川甫賢、奥医師、蘭方医

真名瀬（曲直瀬）養安院―奥医師、法印

差上候處二日めより御小用追々御増被遊
二升五合迄と被為成大キニ御気分御引立
被遊四五日之内ニ御上りも増、御花なそ遊ハし
御庭へも被為成候様ニ而一統有難り候と、又候
法印御薬ニ致し大御不出来と被為成候
先月廿四日　公方様被為成御世話様被遊
候よりみ印又取計御成も御とめと申
事ニ被仰出とんと御近く御伺被遊候事も
不被為成、なを　大御台様ニも御病後御寒サ
の時分御広き御座敷中御歩行御大事と
申立、大御所様御伺御とめニてとんと両
御所様を御とをさけ申上、成芳院御薬ニ而
追々御大切ニ被為成候得とも一度も御転薬ハ
願不申、頭取御用掛り御評義も不申上、伺も
不致つれ〳〵と勤居候、よく〳〵慥成るうしろ立
有之事と皆申居候、餘りふしき〳〵とたゝ

大御台様―前出、寔子

事ならすと大奥評義のよしニ承り候、
台の上御容躰候節者花町殿よく御取扱被成
安淑より者願立候て此度者容易ならさる
御容躰ニあらせられ候間、私計ニ而ハ恐入候、法印
伺も被仰付候様願候處、直ニ成芳召候て此度
御東様容易成らぬ御容躰ニ被為在候へ共、
安淑格別出精致し御手当申上候間、法印
には御錠口御用も可有御東之方ハ
伺ニ不存とひたと被仰付安淑も大キニよろしく
心配なく御手当致し御全快ニ被為成候、
法印ハ厳敷御東向へハ寄せ付られ不申候へ共
夫を芝高輪江ハ雲上自由ニ飛歩行日々
御伺も致候様ニ申上置、格別の御容躰ニも
不被為在候様ニ申上候と相考候、左もと上下
とも御受被成至而御大切之御時分も御実々
の所御存不被為在御不実の御訳合と申

事ニ承り候、此節天上の御大変認候ニ
不存事なから已前の御趣意と大違ニ而
餘り変化いたし候間認候事ニ御座候
当夏中か時日失念白おし御拝領被為在候を
おみよ成芳院利益と碇山御初慥ニ手まへ
有之嶌沢ハしくしり用立《不》立ことと御治定候由
承り候間、今迄数ヶ条事ハ御捨被成白おし
位ニ御信用被成候事、餘り残念故嶌沢方へ
参り尋候へ者夫ハとふ　雲上より御吹聴申
まいり候、先比御願被遊候のか済候のと申
平気ニて居候、宰将様御願出居候内御願
遊ハし候御事ニ候所　御前御沙汰ニ此節餘り
あれも是もと御願遊ハし候間、左様事者
いつてもよろしかるへく夫より御大望の方
御かんやうらと御沙汰ニ而しかく〳〵御取上もあら
せられす候へ共、乍併折能節もあらは申上

白おし―白鴛鴦《おし》

候半と御意あらせられ候所白おし子を多く
なし候比其御庭の御座敷へ被為入候節
御直ニ芝ニ而兼而願候と被為仰上置候を其
節み印御側ニ居伺居法印と申合折よき
せつ御取掛候積りニ御さいそく申上元を
おこし思召被為附被下ニ成る様糸引候て
薩州様江ハ新田ニ自分御取持ニ而下り
候様ニ申上候よしニ承り及候、一近衛様より之
御文通ハ京都ハ村岡雲上ハ花町との
町印ハ公家ひゐきゆへ抑々御家の方
御とをくいたし近衛様を強々と被致候
夫ニハ又色々御さしつかへあらせられ候事ニ而
梅渓よりも文通致候様ニと御沙汰ニ候へとも
町印とかく人をまぜす御自分計御瀬切
被成候事ハ村岡不存、町印へしたしむ方
よろしくとのミ京風ニなつこくあからさまニ

村岡―近衛家老女
花町・町印―寔子付上﨟御年寄

梅渓―寔子付上﨟御年寄

申参り候間、御前御方ニ者色々御差つかへ
あらせられ候、調所近衛様御近しく被参事
御聴ニ入いと幸事御家の重役よもや
上より被仰付事麁略ニハ伺被申ましくと
のミ思召させられ候、幸調所へ申含村岡へ
面会致し候ハヾ、花町へ餘りあからさまに
一々申こし不申候様上ニも色々御意味
あらせられ候事と為申置候様御沙汰ニ候間、　差
当り可申御方も無猪印へ其段御つたへ申候
夫ハ通し候や如何不存候へ共、扨もおそろしき工ハ
猪印其御調子ニ気付当秋未何も御用
無ニ人ハしらぬ物故御東様御用あらせられ候
よしニ申立、村岡外ニ《内々ニ》重キ《内々》女中壱人もつとも
右両人へ付添へ男女有之下向被致候様ニ取組
莫太成る御物も入、近衛様へ御縁御座候所々
御下やしき其外不残被参向々ニてことの外の

天保十一年一月村岡江戸下向

近衛様へ御縁御座候所々――仙台藩伊達家、尾張徳川家

御物入御難義ニ被為成候由、其節残る處なく
もてかへし江戸中見物所ハ残る所無、よし原
なその節者女郎屋二軒ニて漸々納り候よし
百三十人一座と申事ニ御座候間、よもや左様ニハ
有ましく夫ハ薩州様の御事故雑人多惣人数
左程ニ候半と申上候所、左ニ無一座右候《ととなへ候哉》通と其場
参り候者咄し一統きもをつふし候、京都の
人は金銀さへつミ候へ者何ニ而も承知いたし
候間、其節よく〳〵取組嶌沢よろしからす
薩州ニ而も御せいよく被成候様ニ町印へも為申
上京候上も申参り御身近くをさけ度と
やしきニ而御重役衆御咄候様と為申候と見へ
中候其談右ハ碇山氷川へとを〳〵しくいたし
気の毒ニ者候へ共、花町さまより通路御とめゆへ
無據と通路可致と被仰候由、慥成る筋より
承り候間、通候哉不通候やハ難計候へとも餘り

其意を不得事ニ而心外餘り其筋へ私答ニ
初より御閑道極密御通路ハ畢竟中ニ而
中々御差つかへ被為在、何事も御実方へ御前
御実意とをらせられぬ事を追々御年も
めし候間、御功者ニ成らせられ御心被為附一躰の
御賢計より御つる道を思召被為附候て
御家の御為と思召御差引被遊度所より
おこり候御事ニ御座候、御表向御自由に
参る事なら御閑道も何も入不申候、右御閑
道御糸引御家ニ而御勝によろしく御入用
之節者此事其事被仰上被下候様ニと
毎々御せめ被成何かふと御都合かわり其(ママ)
其段御断りへとも無、京都を初花町とのへ
證古をこしらへ御吹聴御座候へ者夫ハ対立
候とも御前へハかられ不申候間、嶌沢落度
と流し参るハ当前の事に御座候

御前被仰付無嶌沢一存ニ而取計年来
莫太の御内用根なく事取こしらへ申通
万事府合いたし御用弁し可申訳更ニ
なく候、すてに溪山様御下国の節近衛様へ
御立寄御親子様御間ニ被為渡候へ共雲上へ
御近々敷と申事ハけして右様へ御洩し
不被遊候様、夫か直ニ又江戸へひゝけ候得者甚
御めいわく被遊候と申事と御打合被為在候、
溪山様御対面の節常ニも一通り御機嫌
御伺遊ハし候とのミ御咄あらせられ候様ニと
かた〳〵御打合あらせられ事ハ御取次上候
故よく伺居候左有事を御やしきより
御閑道有之證古を以御ふれ被成、嶌沢氷川へハ
かたく通路不致候様ニと申沙汰有之候間、
通路不相成とよくも被仰候事とさみし居
候事ニ御座候、上へも此訳を以御閑道已来ハ

溪山様御下国―天保六年斉宣、京都で近衛邸訪問、娘
郁姫は近衛忠熈室

御通路出来不申と申上、嶌沢私ともへも御断
返しあらせられ候へ者御意味もわかり無御據
筋ニ候得者何か物恐て手を引御事ニ御座候、
御重方の御腹より出候事とも不被存候、皆
猪飼の御工風御仕組も被察候御方ハ如何
てもよろしく候得とも、御前ニ而何を仕そんじ
か様ニ訳無御不通ニ致し候や、其意味も不申上と
思召餘りいくし無様ニ被為思召候御事乍恐
心外ニ御座候、世上か様相成候てハ、ま事に
上も下もわかち無仁儀の道もやミと相成
心細キ様ニ御座候、嶌沢とも評義いたし餘り
上へ奉対何とも申上様も無事故　御前へ
申上たとへ御右筆ニ而成りと　御直御一筆
渓山様へ被為仰進候様致してハと評義致
候へ者、嶌沢申ニ夫ハいと安キ御事なから
左候ハヾ又直ニ仙波なそへ御見セ被遊か様〳〵

被仰下候なそと御沙汰御座候と直ニ猪飼江
渡り、又成芳院江渡しみ印へ見セなそ致
候と夫こそ御前御難義出来とんと
戸〆ニ相成り候間、是ハ安大事と口をとぢ
候事ニ御座候、左候へ者片口計悪意の人
の計次第皆曇仕廻申候、右之訳ゆへいかにも
歯をかミ候計ニて致し方更に御座なく候、
嶌沢下り候当分御次文ニて溪山様へ被為仰進
由嶌沢下り候、是ハ御捨置被成候訳ニ而
有間敷御深切に御尋有之候様ニと被仰遣
候にて、高輪様御答ニ尤捨置ハ不致一昨日も
尋遣し候と申御答にて、其時ハ嶋沢
私へも鴨御取合壱重つゝ戴候、早速かけ違ニ
上へも御吹聴御礼申上候夫より水差候や
其後霜月迄一度も御尋御座なく誰受
御出も不被成候處、近々調所御参府と申

沙汰御座候とやふら躰ニ申様ニ急度
致候御仕立二而紬弐反御肴料二千疋被下候
何事ニ不寄二千疋なそと申御肴料廻りニ
頂戴致し候事御座なく、御取仕立の御模様
芝様御仕立ニ相違無と被存候間、嶌沢と顔
見合是ハ乍恐返上の筋ニ候半、又落し
あなの御仕掛と察し候と申候へ者嶌沢も
先比中《前々の》よりの御ふり合ニ候ハヾ八月よりく月まて
両三度も御尋蒙り候筈調所着と申
俄ニか様御手当いかにも訳有そうな事
と申合嶌沢直筆二而認上へくも早速御吹聴
も申上有難頂戴致候半か、是ハ乍恐返上
申上度よろしく御取成被仰上被下度と申
仙波氏へ差向返事致御品も返上いたし候
芝へ御相談有之候と見へ二日間置仙波より
私方へ向ケいさゝかの品主人より進上被致候處

御返却被下何故を以御返却ニ候や、訳無てハ
主人江申立かたく候間、其訳被仰下様ニと被仰下候
間、先も無極老の私身分やふれかふれと存
心を居何方へも持出し出来不申候様成る悪口
認御答申候、夫より御出無御文通も無いんしん
不通ニ相成り候、左様之めつほうかい致しと私ニも
無之候得とも過分の御下物ニ而ばかし悦て戴
御請申上候と其御請花町殿へ又成芳を以
持出候工ミニ御座候、夫故有馬様御同道猪印
遊所江御出大さわき御主様方ハ先御へ御帰り申
自分残り大しやれと申事を梅渓さま御部屋へ
上り候むかし勤候御使番の古キの委敷見聞
参り咄候由、夫を梅渓殿御側ニ而御案し御
御咄被仰上候由を被為聞、殊外御案し遊ハし
夫より梅渓より御内々御内意申上候様御沙汰ニ候へ共
御代筆ニ而ハ角立御やしきニ而大御心配と被為成

御答もむつかしく被為成候半、乍併梅渓殿より
ニ而ハ御用イもあるましく急度なく少々
御沙汰をましへ御密書ニ而少将様ニハいまた
御若様事たとへ御同席たりともめつたに
御近々敷御附合に不被為在候様並成らさる大切の
御家柄の御事ニ候間、御案し被遊候と申参り
候を江戸へ御登せ被成候事、碇山も御望《キ》不成
候事ニ御座候、猪飼ハ　雲上を御隔申上候ニは
大幸と火を添右御文通成芳院へ渡し御広
座敷持出し嶋沢下り候《事ニ》ニ付《候て》花岡逢度々と
よひ出し右《御》文通為見両太守様大御立腹
ニ而此訳但し候様被仰付候と申、花岡を
おとしかけ花岡ハちへも無愚知成る生質
ゆへおとろき積をおこし廿日計引入候右通
其荒増を認か様之戴物私ともハ如何様相成
候而も少しもくるしからす候へ共頂戴物御請に

又御広さしきなそへ被為持候ハヾ　御前御難義様
如何計御めいわく万事に御さしつかへ
被為出来恐入候間無據返上いたし候と認
候とこへも證古ニ持出されぬ様ニ返事致
し候、不敬此上無候得ともつまる處ハおそれなから
御前御外分御心配様の出来させられす
候様無法ニ而当り候へ共、認候時節も御座候而
御直談ニ御尋も被成候ハヾ右之通あからさまに
中積りニ候へ共、聞ニ御出被成候御方も御座なく候
畢竟御前を持遊ひの様ニ御心得被成候
御取計故私とも又真忠を尽し候心よりハ
万事台の上よりおこり候事故太守様
御初殿方様ニ而も　御前ニ而かへ不奉候嶌沢
かえと申候時分より一寸致しと名取御内用
認直し御めに懸候而ハ自分の意ニ而もくわへ
か様ニ而心済不致候間猪印御出被成候へ者其

まゝ御めに懸候をけして散候ハ不致他見なそ
為致候事ハ無と被仰旦極ニ一寸見せるからと
御申被成御持被成候間御火中被下候かたく申
台の上の御用御やしきへ御内通事ゆへよもや
右様之種ニ成るへくとハ神以不存其意ニまかせ
御渡し申候處、夫をよくも仕廻置、此節ニ
至り花町とのへ御廻し被成候御姉様かえと
中文通尤餘事ハ無御内用計ニ御座候
を持出し私も御取次根をたつ種と被成候、
全躰花町とのハ薩様ハかのにかてニ御座候
事猪印百も承知のことか居成芳申合
右之通台の上の御内通路を立切而工ミニ
御座候町印は御家をよけたかり候間、抑々
御前町印を御排せき被遊飛鳥井殿にハ
上の老女なら梅渓殿世話親故御内通ニて
とゝき御家より御願出候前先飛印ニ梅より

内通致させ被為置出来可申事ハ畏候早々
御出し被成候様ニと御答被仰上候間、御閑道より
御内通致御願出候と中様ニ御糸引御座候間、近比ハ
町印も中ニ而おさへふせ置事成らす顔ふくらし
無據御取次被成候、去ルニ依而飛鳥印遠行之後
誠に御さしつかへ被遊候處、おつな意地合と相成
町印今之おし付られ御出候間こゝにてすら
自分手を見せてと御ままなりけるきを
上ニ而御賢察遊ハし候て交易御願は
桂川を以台の上ニハ一向いさゝか御存あらせられ
ぬ積りニ而為申候様ニと御内々御沙汰ゆへ
右之通薩州様より御直ニ被御願申候積りに
申出し候處、案外と町印大はまりにてすくニ
瀬山殿へ談し合大方御都合宜敷水美濃殿
より三度迄御錠口ニおいて御模様よろしき由
御内意被仰上候、町印大悦ニ而甫賢早々ニ

飛鳥印遠行―飛鳥井天保十年正月十八日死去

〔琉球交易御願一件〕

瀬山―家慶付老女

薩州へ此段御通し被成、元のとをりニハ不参
候へ共二品三品げんじ候て相済可申趣と
数度甫賢へ被仰聞候得とも猪印外筋を
こしらへ壱万石の種ニ被致候積りニ而嶋津も
手たりす調所も届ぬ積りニて御自分壱人の
手柄ニ致候積りなから、大奥の御調子夢ニも
左様とハ心不附御閑道さへけちらし候へ者よくと
油断候内もはや暮と相成、町印大立腹ニ而
大方御錠口江御断帰しニ而も被成候や三千両
三年之間と相成り候、御そんハ皆上向の
御そんに相成り候、右ニ付てハ甫賢こまり
候御事大方成らす、御吉左右御内意申ニ
猪飼へ参り候と御不快候由御逢無奥方
ひどき扱ニ而追帰され候、去亥ノ春太守様
御発駕前より御願立被成候交易一件、其比ハ
飛鳥印遠行後故甚御不都合ニ候所前文之通案外と

嶋津―島津久宝、薩摩藩家老

亥―天保十年

御都合よろしく相成候得とも、いかにも猪印時候替り
致方御座なく甫賢もて餘し町印へ御答ニ
江戸ニも重役居候而其事取扱候へとも御国へ
参り居候調所笑左衛門守役ニ而取計候間
其者参勤無てハしかと相成り不申と餘りニ
せん方無まゝ左様御断申置候と再度〳〵
其人ハまだ来ませんか〳〵と御さいそく段々
月廻致暮近く相成候へ者町印いつまて
まだ〳〵と言物か大方とんた所へ手を廻され
候事ニ候半と被仰、其後ハ御沙汰やもなく
候て年暮仕廻申候、其後町印甫賢に
被仰候者猪飼と申人ハ如何様の人物候や縁を求
わたしの所へ文をよこしました交易の
事とハ飛違候事ニ候へとも人物次第にて
わたしもにぶひ挨拶致遣し候積りじや
嶋沢下りお手前の香薬三枚ニ而たちまち

全快と中事おかえ時分より福子への文通
もいかゐよりすこし見ましたと被仰候由、
ま事に俗ニ申上の御様子もなまじりニ而
よく思ひ切左様候事被致候事御東向
を荒し候て　御前御通路立切思ひのまゝに
手段致候積りとすいさついたし居候私共ハ
痛くもかゆくもおほへ不申候へ共　御前ハ
花町とのへ御対し被遊少し御表ふせの御訳も
色々被為在恐入候事ニ御座候、扨先月調所も
御着故かつらより文通致私よりも文通申候へ共
一向御答無之候糸口あつてしりむすハす
餘り　上々様を両度迄かろ〳〵しく御遣ひ被成
候訳ニ候間、何卒一度御目ニかゝり此訳承り
度と申遣し候へ共御返事更ニ無、御国
風かわ不存候へ共餘り並と違候事と申
笑居候、一応御めにかゝり御はこひ承り候へ者

直に分り候へ共何分致し方無候、桂なそとも
評義致し候ニ去年中御成就前より　御前
御威光くじき外の手より色々御手段御座候間
美濃殿初ふしんニ被存何か御家来ニ意味有
事と御評義かハり候か花町殿瀬山殿申
合御断かへし御座候故かいつれ御ふしんより
御評義かわり候ニ相違御座なく三千両と
移り替わり候ハ日和見合られ候哉と被存候
新規奉行田口ハ美濃殿到而内まくの訳
御座候を餘り口ニ餘り候事なら交易御一条ハ
元周防殿江御取組よろし廻何かしり尾御さへ
られあらせられ候へ共、御家之事故御名を出し候てハ
済ぬよう右之通一端何となく御取やめ不被遊
候事まいらせ候て承り及候元か上々様御存候事ニ
あらす候間、能御家来御出被成筋を御立被成おのつから
年来御手広ニ相成御行届不被成事も出来

新規奉行田口―田口喜行、天保十年より長崎奉行

元周防殿―松平周防守康任、老中

致し候半か、已来ハ御規定厳重ニ御立直シ
可被成候訳を立御願被成候ハゞ、是非相済
可申おみよ成芳院古来之御意味なそ
勘弁致候流義ニ御座なく候、当時ハ元不立
道成る与申御世の中ニ御座候、世の風躰実ニ
浅間敷様ニかわり申候、数度御閑道より
御願筋出種々御配慮あらせられ候、御内々御糸引迄
毎と〳〵御成就と相成候ニ御趣意も不立くゝりも
無飛去御構ひ不被成候御重役方御本意
甚合点参らす段々御不都合時分より
御心組有之候初発のもくろミへ帰り候事と
考居候、私方ニ置無益の御書とも又
御重役方の證古ニも可相成御文通出候計ハ
うつしとめ御手許へ返納申候、か様相成候而ハ
子孫ニ有も致スましく候へ共、心得違の者出来
候得者御外分ニもかゝり恐入候間、其方様へ上候ハ

本筋と勘弁致一存を以上申候、当高輪様
芝様御閑道御用取扱候条々ハ御聞
置被下度候

一　阿部様御一件之節者佐川名前ニ而嶌沢
被仰附誰へも不為伺　御前御直の御配慮を以
御案心ニ被為納候事

一　三位様御願一条前未とも惣領倅源五郎
万事御取扱致候、其證古ハ被為召候節
御用番御玄関より伊木七郎右衛門殿御為知
被成下候御文通取持致居候、追て御献上物に
御内々御伺ニ而御閑道より皆御指図被為在御内通
中上御都合よく思召通ニ相納り候事

一　大信院様御大切之砌大御不都合と被為成候処
候処嶌（マヽ）宗運をかたらひ脇坂様御取扱ニ而相済
候事

当高輪様―斉宣、天保六年に白金より高輪へ引き移り

佐川―寔子付中年寄

嶌―嶋沢　宗運―山崎宗運

一　福寿亭其外御後之事ニ付三印《サン》之内
両印溪山様をあしさまニ色々被仰上ひとつ
行違候得者溪山様御存様もあらせられす如何
計の御災難ニ被為成候處、一々御閑道より
実正之所相但し申上置候故　御前ニ者
よく〳〵御承知被遊、両印より申上り候事
けして御取上ケあらせられすとふ〳〵
溪山様へ御先廻《セン》り悪意もとをらす
被為納候事、其比お里尾と申当時花岡
同し愚前の人故何の弁へも無佐川時分より
妙清院《花印事》とのハ通路も致懇意ゆへ善悪の
意味も勘弁無花印へ付キさま〳〵願筋
中上清松院《蝶印》とのハ嶋沢へ付溪山様を色々
御難ひを申立、下賤の継子をせこめ返候
始末ニ候所、御閑道より前以一々利非を申上
置候物故御前ハ御賢計故、けして御取上

福寿亭―天保三年に重豪の米寿を祝い高輪邸に建てられた茶屋
両印―花印（妙清院）・蝶印（清松院）
花岡―前出、寔子付中臈
妙清院・花印―重豪側室富貴、島津忠厚生母
清松院・蝶印―重豪側室千左、黒田長溥生母

不被遊、御ひさニすかり涙をこほし両印の願
申上候へ共、餘り御沙汰ニふくし不申しゐて
申上候節者御こまり被遊御かふり傾かせられ
被為入候よし、夫程の御前の都合ハ前未
溪山様ニ者御存被為入間敷候、其節へ御文通
皆仕舞置申候

一　御不都合御和談ニ被為成御神殿御一条ハ
御存事ニ候間認候ニ不及候、乍併脇坂様
御深切こかしニ而御いたつらと相考候事ハ
しほとめ御普請中とて霞ヶ関御館ニ而
御出会被成大信院御神号定而
勅免御願被成候半、例の御けんやくニも候半か
御近親事外よりも願立候へ共差置御取持致
可申と被仰候にて、溪山様甚御速答に
御こまり被遊何れ御勘上御挨拶と
被仰上御退散被遊候由、もし　御前ニ茂

〔神号一件〕天保四年正月に死去した重豪に神号を与える件

しおとめ―龍野藩汐留上屋敷、天保五年二月十日類焼

右之思召ニ被為入候ての事いと御掛念被遊直ニ
宗無見て参り右事被申候間、私御即
答ニ是ハ少しも御案し被遊間敷、脇坂様
思召乍程御間違被遊候、大信院様ニハ御国政も
年来御納方御よろしく限に御台様
御種より御出生被遊殊ニ御高年と申義
ゆへ御国家へ被為対御神霊と御尊敬
被遊候思召と伺居候、左あれはこそ色々
御神号も御えらミ被遊御伺被遊候處
護国権現と御前御極メ被遊被　仰出候
最樹院様さへ御法号ニ而被為入候勅免
なそ中々以御願被遊候思召更々
あらせられす是者御案事被遊間敷私
取計方御座候と宗無へ御即答申上置
其比脇坂様老中御願ニ而日々昼夜
分地無御近従大須賀昌平被遣御談し

護国権現―寔子、護国権現という神号を書いて掛け軸にして斉興に届ける。斉興、福寿亭に神殿を造り護国権現（重豪）を祀った。

大須賀昌平―脇坂家家臣

御座候時分ニ而台の御機嫌を甚御おそれ
御出被成候折柄故、吉田梅庵を以前文之趣申上候所
吉田梅庵―幕府奥医師
直ニ御直書を以御わかりに御断かへし被為仰を
何の子細もなく相済御正直ニ御願も
被遊候て大キニ御不都合の御事ニ被為在候
一　御神殿御額一条ハ御取扱被成御存候事故
認候とも無事ニ御座候、御閑道あらせられす候て
御家へ吉様之御筆被為残可申哉
一　渓山様御下国御一条よほと御前ひろより　〔渓山帰国中〕
廿四五ケ条御願書立亘殿御持参被成
候へとも餘り御早メゆへひかへ置、御都合よろしき
節を考申上させ不残思召とをり皆解
被遊候様取計御召紅裏なそハ御国候内
計とハ申なから思召とをり御戴被遊被為召候
御国御逗留中数度御閑道御便御取次
申上御請も両三度私方より御廻し申上候

御留守中御子孫方御疱瘡御尋等も
皆御閑道より廻り申候、御道中御同配
不残御取次申上御帰府後皆嶌沢戴
私方ニ取持致居候
一　本田様御一件なそ奥御表御意味にて
夜中私方へ御直長々と度々戴事も御座候
是も御覚へ御座候御訳ニ御座候半、其比より
心ニ含候者一向不見不知御名前計承り居
候、操姫様御付ニ而当時渓山様老女平瀬との
御一件之比より心ニ留居候處、此節案のことく
御前御差つかへ人と相成候訳者成芳院叔母
よく花岡馴合御閑道ひしと御忌ミ人に
相聞へ候
一　周防殿御一件初り御家の御習ニて貞鏡院様
御定認を被為立御附添御世話被為進度
御願はすニ候へ共いかにも御趣意大変ニ而

本田様—膳所藩主本多康禎

操姫—斉宣娘、本多康禎夫人
平瀬—斉宣老女で操姫付

〔松平康任失脚一件〕
周防殿—前出、松平周防守康任、天保六年老中御免、浜田藩より陸奥棚倉へ転封
貞鏡院—閑姫→勝姫、斉宣娘、浜田藩嫡子松平康壽夫人

大御台様御外分にもかゝらせられ、旦殊により御家の御風聞もよろしからすと御内々御沙汰ニ而猪飼へ御談し申候、貞鏡院様御手当金之内を御実意を以当時御手元御難渋の御入用ニ被為進候を御操の御趣意として御取もとしに被為成、是も桂川、周防殿御重役懇意の人御座候故取計相済、金子御引渡し者桂川宅江当朝芝より御廻しにて即刻周防殿御家来へ御引渡し申候、其後勝姫様と御改名被為進御くしの御かざり御召にも　上より被為進御心ニもあらせられす無御據御姿も直させられ候由

芝―薩摩藩芝藩邸

〔信順養子一件〕

一

一昨年奥平様御昇進御願通被為済候、小南部様俄ニ御養子と申御沙汰ニ聞へ御少高ニ被為入候而兼而　御前へ大信院様被仰置候ニハ相違と申處、溪山様甚以

奥平様―中津藩主奥平昌高、重豪息子
小南部様―南部信真、八戸藩南部家藩主

御掛念被遊色々御閑道より御打合ニ而夫ニハ
蝶印我意もくわゝり候事御賢計にて
御察し被遊度候、御沙汰ニ而弥御熟談ニ
被為成候處、南部家ニ而ハ兼而城主格御願
前以出居候へ共、越前殿不承知ニ而済かね居候
戌ノ九月廿四日安芸守へ対面之為嶋沢一夜
下り申候、猪飼下沙汰ニ而御聞付被成、御逢
被成度と申事ニ候へ共、此度ハかたく御断申候
上ニ而も安芸大病ニ而下り事、殊に御焼
後ニ而嶌沢を以御近々御左右被為聞候と
なそと申御印も御面倒、当人元より猪印
なそへ御目ニかゝり候かくこも不出来此度ハ
安芸へ計対面致し候のミと宿方御断
申候へ共、其比ハ日々の様ニ御出被成候間、ふと
御出ニ而せひ御逢被成度と被仰色々都合致
無據御めにかゝり申候、兼而御心願御ねかひ

越前殿—水野忠邦、老中
戌—天保九年
安芸守—森山盛季、天保十年六月死去
御焼—天保九年三月江戸城西丸焼失

立ハ被為在候へ共、何分御成就の程慥成らす
候處、御供立御乗輿御都合なそ御格式
被為済候はたゝ今のまゝとハ大キニ御相違計
の御事候由、私へも毎度被仰聞候得とも上下
女中向左様之訳ハ御察し不申、例の
筆談もさふ〳〵ハ認かたく、左候ハゞ御直ニ嶋沢へ
其趣御演説被成候様ニと申御引合申候、其
御趣意嶌沢与得承り、翌日上り委細其通
御前へ申上候處、左様事ニ候ハゞ今一応早メ
候處を用掛りへ飛鳥印より為申候様ニと御沙汰
にて早速右御訳合被仰解候にて十月九日
御引移りに、七日御願通城主格被蒙仰候、この
御ケ条なそハ誠ニ的前之事ニ御座候、御閑道
不被為在ハか様ニ御前御世話様被為望申
間敷哉と被存候、十月二日脇坂様へ御内々
御尋申見候様御沙汰ニ而弥相済可申事ニ

十月九日御引移り―信順、八戸南部家江戸上屋敷（麻布市兵衛町）に引き移る。
七日に八戸南部家は城主格となる。

候や、又者出来かたき筋ニ候や御同席之御評
義うす〳〵被為聞氷川より聞ニ遣し候様
御事ニ而則大須賀昌平よひ寄せ御内沙汰の
趣申通し候處、五日と同人御答ニ参り
此旨御内沙汰の趣中務江申聞候所中々
急ニ相済可申様子無御座成就不成就も
とても何とも治定致し申上かたくと被仰
遣候間其通り申上候事に候所、七日ニ無滞
被仰出候、脇印格別の御厚意ニ而御家に
無之御役被蒙仰夫武事御聞出し被下
候事ニ成らぬと申ハ餘り御跡不構と申様な
御内話の御答と例の生質ニ而むつしり
致候半か、七日夜ニ入昌平を以早々被仰下
早速申上呉候様ニと申御口上故、心之内者
此方ハとふニ伺居候跡の祭り今時分何申上と
存なから申上呉候様と申事故、そこ〳〵ニ御答

申置候、まつたく例の御生質ニ而　女郎様と
思召其時々の御愛相ニ而御のかれ被成事と
存居候、私身分ニ廻し申条ニ候へ共貴人も田夫も
持前生れ付ゆへ御ゆるし被下度候、然る處
時節を廻し太守様御願筋事ニ付
越前守・中務大輔へ御礼日御登城被遊
御直ニ御願可被遊思召候段、紀州様より土岐へ
御近習番前田左膳を以被仰遣候處その
御直答土印御直答ニ而口上の訳を認
被仰上長キ御書取之内ニ御尤至極ニハ奉存
候へ共、老中筆頭者万事心得候事ニ御座候
二老迄ハ談し候へ共中務ハ左も被為思召
候半か是ハ古老と申迄ニ而筆末之者ニ
御座候、越前ニ者くるしからす中務へハ先
御無用と申御ケ条初見致し前条度々
御内沙汰もさもとらしく御請被成候事の

中務大輔―前出、脇坂安董、天保八年本丸老中
前田左膳―紀州付より幕臣

皆間違候事を不計合点参り右之
御様子ニ而ハ　台の上へ御対し被成常々
憮々御くるしく御座被成候半と、御尤ニ得と
致しと太守様御願御成就前ニ相成一統
賜候様ニ申、松平和泉守殿御かゝりニかわり
御成就と被為成候、左候而ハ広キ天下老中
壱人の心にまかせ候ハせまき様ニ候へ共、是ハ
御補佐時分之御規定より左様相成り
候や、当時御医師左之通ニ而へたニ而も
強引ニ而一端御匕ニ相成り候へ者御匕の
差図次第ニ御座候、すてに此節
両御所様御大病之節横しまのミニ而
天下七分三分歯をかミ候へ共致し方無之
御前者此事計ハ花町殿切レよろしく
服前御全快被為成候

一　又一ケ条無益の事なから猪印尤抑々より

松平和泉守―松平乗寛、老中

能時節到り候ハヾ私ともへ悪名付　君辺を
瀬切御閑道の根を立可申と、年来御工
被成事と被存候間、私も残念故有躰事
御咄申上置候、天保九戌年西丸御焼失後、大
小名諸向不勤ニても上金被仰渡高割ニ而
納候事ニ御座候、御役人ハ御増高も戴居
候間自分〳〵の心ニ而定式之外餘分上事ニて
御普請御出来築候上程々ニ時服被下候
右ニ付又脇坂様溪山様江御直談ニ被仰候
御聞及候通、諸向冥賀のため上金致し候
御手前様も格別之御由縁之事御上金
被成御尤ニ而隠居之上金無例候へとも夫者
拙者御近親之よしミ御取持致相済し
可申、早々御願被成候様ニと被仰候由、左候ハヾ
何程と御問被成候處二万両も御上無ハつり
合申ましくと被仰候由ニ而、調所玉を被上

上納金―幕府は西丸再建のため諸大名・諸役人に上納金を募る。

十万両之上又二万両と申ハ扨も如何可致
と被申候へ者、猪飼夫ハ私ニ御まかせ被成
私氷川へ参れは十に九ツはからせ参ると
被仰候由請合て参つたと夜ニ入御出被成候、
猪印をはへさせ候ニハ毛頭御座なく候へ共、其比
脇坂様　御前へもつハら御勝手かゝりを
被蒙仰候様被成度御内願度々願御座候間、御自分様
古老御功者自満ニ出そうな御向ハ御さそひ
被成、老中方ハ手前御はたらきニ可被成
御内恵も恐察致し候筋御座候故
御前御厚恩大信院様格別ニ被為仰置
結構ニ被蒙仰御家の引立も冥賀を
御わすれ無ハ御前へ御対被成ニ而も薩州様
少しも御為よろしき様ニこそ御肩被為致られ候
筈之處、御にくらしく存候餘り私猪印へ
御即答ニ夫ハ少し存るむね御座候而私次第ニ

御勝手かゝり――勝手掛老中

被成候ハヾ御請合申と猪印申、扨御不都
合已来ハ何事も一々御前へ御伺遊ハし
候間、此御一条も早速御直書を以御伺被遊
候様其御返事次第ニ被成候かよろしくと
猪印へ申置手廻し致し嶌沢へ早速
申通し其趣為申上御直書上り候と御答ニ
夫者甚御りやうけん違ニ候半、此度の御災難
甚御不吉の到り又有へくも不被為思召候
御吉兆の事ニ候ハヾ新例を立御上物等も
被成候ハヾ、御家の御はれニも相成永久御記
録ニも残り溪山様ニも御親模に候半、か様の
御不吉之事に新例をおこし御上金ハ甚
よろしからす乍去左程に思召候ハヾ誠の
御磨御入用御手許へ御内々より御上ケ
被成候様自分より御取次可申と御答
夫か薩州へ廻り候と夫を持調所飛様ニ

脇坂様へ御出被成か様〳〵御内沙汰ニ候と
被仰上候得者、脇坂様大キニ御赤面被成もはや
同烈衆へも咄候間左候ハ断かたく此御書
一両日拝借と御とめ被成、夫を以御同席方へ
御断被仰候こと越前殿初一通りの御内縁の
御取扱と存候半か、かくも御深切ニ被為思召
候やと夫より甚御おそれ被成何事も
御家より出候御願筋御捨置可被成候へとも、かの
交易ニ而ハ猪印内外の人をおとし御自分
計伺出候半と大筈違と相成り候、御上金
二万両之處二千両御広敷廻りニ而則
御前より御上ケニ被為成　大御所様御ひさを
被折打さすが溪山と御満足かり　御前も
大キニ御花ニ被為在候由、其節調所よりの
御文通壱万八千両の富を取候如何いたし
可申哉、大キ成る夢も見る物ニ御座候

と申御文通御座候、調所の御直筆御覚も
候半則御めに懸候、右御挨拶心も候や猪印
度々御出の席ニ高輪ニ御古家御取捨の間
有之候、私方手せまニ而寄来なその節差
つかへ候間ひとま立候様ニと被仰候間、未朽にも
不致御手前様方近比御出被成候間せま
うに候へ共、手前なそ是ニ而随分殊たり
申候と申候へ共、口の向かわろいの何のと
御立廻り被成色々被仰候、左候ハヾ兼々
亡父存生中おくを立直し度存意ニ申
候間、其間を相願候半と申候へ共、其比安芸守
老病ニ而居間へ通ひ道等不都合ニ相成候間、
兎角相やめ可被申候へ者せひと被仰、表
居間をこわし二階ニ立直し被下候、其節
何方ニ而も遠慮無何ほともと被仰候へ共
気味わろく、元より此方より望候普請ニも

且て御座なく候間、荒増ニ致したら一包
半もかゝり候半、其比ハ御深切と存居候半か
段々御様子考候へ者何程かゝり候や難計候
抑々折々碇山より御心被附御金被下事
御座候へ共、かたく御断申返却いたし候事
毎に御座候、大方猪印御持参ニ御座候間しいて
返上致し候へ者、左候ハヾ先御預り申置か申
御入用の節者いつニ而もと持御帰り被成候へ共
出候處ハ碇山之由ニ候へ共、御請取参つた事も
御座なく、又猪印御自身御請取られた故
御請取を初見と申かたく候、且又申年
せ上きゝんニ而蔵宿おくり米も不都合其上
知行所廻米等途中甚面倒ニ而誠ニ赤面
至極ニ候得とも大勢難義ニ及候間、無據御米
拝借願七十俵田町おやしきより御廻し被下候
二十俵者桂川色々下御用相はたらき候間

申年—天保七年、天保の大飢饉　米価高騰
森山家の知行所は上総武射郡木戸村・下横地村・松谷村の内

遣し助候事ニ御座候、まつたく五十俵手前
にて取つゝき用弁致十月至落ニ御代料より
返納可致申上候へ共、碇山此先其分ニして
差置候様被仰候由何分心済不申候間、左
候ハヾ御合力と思召金子五十金ニ而御済シ
被下度ひとへに相願候段、猪印へ御出之席ニ
御談し申候処、猪印御答ニ碇山何と申
か分請取ハしますまいが先つ御預り申置
候半と猪印御持参被成候半か御請取も
参らす、其比ハ碇山ハ猪御瀬切被成御直談も
不致候間、如何成行居候哉相分り不申候

一　片岡鄭次殿ハ猪飼奥方弟之由ニ而猪飼
御心安相成り候砌、早速御引付被成調宝人
候由ニ而御内話万事御閑道御用御浅く
被成御遣被成候間、懇ニ致し呉候様御夫婦
よりくれ〳〵も御願ニ候間、近敷御附合

申候、私とも被下物も片岡を以御廻し被下
候間私ともおし包候ても不都合ニ而却而
よろしからすと心ニもなく打明ケ御返し
申事と相成り候、御懇意ニ相成り候ニした
かひ自分勝手向甚御さしつかへのよし
御閑談ニて内々質なその類又者金子に
用立進上致候一切御返却御座なく候、其上
戌年太守様御昇進後亥ノ春御国御
立前御出ニ而折入御願之趣者抑少給者
ニ而暮し方難渋故今迄四人積りニ而家
五六人故甚貧窮いたす、何卒六人積り
相成候へ者誠ニ有難、調所・碇山参られ候ハゞ
頼呉候様此度之御慶事ニ而積り増に
被仰付候人も候間、何卒ひとへニ此時節を
幸頼候此心願成就致し候へ者生々世々
亡却致間敷と平身致畳へ頭をすり付

戌年太守様御昇進―天保九年斉興宰相昇進

願被申候私も心付候而是者極入て猪飼
内々御助言ニ而左様組立の御頼と心付候間
むさと断も致しかたく調所・碇山両度ニ
御出立前暇こひとして御出被成候節、一通りニ
無據御頼申候由を申候處、御両人とも笑候而
承知候由兎も角も取計可申と被申候
事ニ而御発駕前後ハ御沙汰なく大坂
御滞在中加役被仰付候、小細工奉行とか
申役者江戸ニ者今迄無之とて右の役を
加役ニ申付六人積りニ相成役料両勤方ニ而
六両と八両とり被下候由、過分値付申候事ニ
御座候、奥方より一言も挨拶無之其後
猪飼同様不通と相成り申候、右事も
一応認御咄申置候事
一　猪飼奥方如何成る事を申立候積りに
候や、安国殿江花町殿御代参候節御目通り

安国殿―増上寺の家康廟

被為度明ケ六ツより出張致請候處、花町殿
急に御延引に相成殊成り不申候由
文政八酉年より御閑道御用御談し
申候、御重役方御広敷御役人衆御名
前左之通

伊木七郎右衛門殿　○池田仲左衛門殿
伊集院中二殿　白石宗無殿
岩下曲膳殿　○碇山八郎右衛門殿
有馬権蔵殿　○調所笑左衛門殿
村本一郎次殿　猪飼央殿
○有馬太殿　仙波市左衛門
○新納甚左衛門殿
○伊集院喜左衛門殿　右印分勤番ニ而交代
岩下亘殿

○竪山守衛殿
　菊池藤助殿
　須磨荘右衛門殿

大御台様御腹おと勢之方慈光院殿
　御下御由縁市田美作家老ニ而其比
　隠居御閑道相やミ候事を甚ふしんニ
　被存其おこりを承り度自分ハ退隠
　身分ニ而も子孫家政ニもくわゝり候事
　心得ニと申被越候間、発端より之訳を委敷
　認遣候、下書後世子孫之心得ニ残し置也
　　天保二（十二）辛丑年二月上旬出ス
　　　井上逸作殿へ伝

登勢・慈光院―寔子生母、重豪側室

井上逸作―薩摩藩士、側用人

あふきみし
恵ハ高き
塵つかの
落ち葉をちらす
松の下風

あとがき

「風のしるへ」はその時代を移す鏡で、大奥の事だけでなく様々な事柄の裏事情、いいかえれば我々が知らなかった真実を伝えている貴重な記録である。

私がはじめて「風のしるへ」に出会ったのは今から一五年以上前で、少しずつ読み進み、一旦最後までいった後も何度も読み返し、読めない字を少しずつ埋めていった。國學院大學教授根岸茂夫先生と山口哲子氏には全文を確認していただき、翻刻の御指導を賜った。これによりどうにか活字化が可能な段階まで到達することができた。

次に内容の把握であるが、これは繰り返し読むなかでも行い、まずは登場人物を調べその名前を確定させていった。記載されている出来事、つまり個々の内容については、本書の後半で興味ある内容やわかりやすいことなどテーマを絞り、取り上げた。そのなかで別の史料や著述で周辺を固めその出来事を把握することで、「風のしるへ」の記載内容も理解できるようになった箇所もある。

江戸時代の女性のイメージは近年の研究成果によりだいぶ変わってきた。それでも大藩である島津家の家老と対等に渡り合い、オブラートに包まずはっきりとものを言うりさの行動や性格は驚きである。とくに「誰にも見せられないような悪口を書いて出した」というくだりは、現代の我々でもやりたくてもやれない行為である。一方、妹の嶋沢は少々の悪口には動じない、鈍感力の高い人のようだ。嶋沢の方が勤め人には向いている性格に思われる。

第一章第二節「大奥に奉公した旗本の娘たち」は、旗本の子孫である本多裕江氏、山田由美子氏、曽根貞夫氏、鳥居京二氏に拝見させていただいた「先祖書」等を参考に執筆させて頂いた。また、海厳寺（千葉県）で「利佐子」筆の額を拝見させていただいたことにより、りさの生年を知ることができた。皆様の御厚意に深謝申し上げたい。

私が八戸市立図書館を訪れたのは平成二十二年秋で、まだ八戸が東北新幹線の終着駅であった時期である。その時の調査の主目的は江戸藩邸の図面であったが、奥向や奥女中関係の史料も藤田俊雄氏の御好意で閲覧・調査することができた。南部家墓所南宗寺をご案内していただき、いっしょにせんべい汁を食べたのは懐かしい思い出である。何らかの形でまとめてくださいと言われながら、なかなか成果にならず心苦しかったのだが、此度なんとか部分的ではあるがまとめることができ、御好意に報いることができた。心より御礼申し上げたい。

筆を終えるに当たって、本書は刊行に至るまで長い道のりがあった。平成二十六年に一旦脱稿したが、出版が固まるに及び第四章第一節を追加した。同成社をご紹介いただいた國學院大學教授吉岡孝先生、並びに刊行をご承諾いただいた同成社社長佐藤涼子氏に篤く感謝する次第である。

平成三十年三月

畑　尚子

島津家《しまづけ》の内願《ないがん》と大奥《おおおく》—「風のしるへ」翻刻《ほんこく》

■著者略歴■

畑　尚子（はた　ひさこ）

1961年　新潟県に生まれる

1985年　國學院大學大学院文学研究科日本史学専攻修了

2010年　博士（歴史学）

現　在　國學院大學非常勤講師、東京都江戸東京博物館学芸員

著　書

『江戸奥女中物語』（講談社、2001年）、『幕末の大奥 天璋院と薩摩藩』（岩波書店、2007年）、『徳川政権下の大奥と奥女中』（岩波書店、2009年）、「静寛院宮・天璋院の行動と江戸城大奥の消滅」（奈倉哲三他編『戊辰戦争の新視点　上』吉川弘文館、2018年）。

主要論文

「奥向の贈答における菓子の役割—将軍の息子と江戸城大奥との関係を中心に—」（『和菓子』16、2009年）、「姉小路と徳川斉昭　内願の構図について」（『茨城県史研究』94、2010年）、「江戸城二丸御殿」（『東京都江戸東京博物館紀要』5、2015年）、「加賀藩邸内の徳川将軍家」（『赤門—溶姫御殿から東京大学へ』2017年）。

2018年3月10日発行

著　者　畑　尚　子

発行者　山脇由紀子

組　版　㈱富士デザイン

印　刷　モリモト印刷㈱

製　本　協栄製本㈱

発行所　東京都千代田区飯田橋4-4-8（〒102-0072）東京中央ビル　㈱同成社

TEL　03-3239-1467　振替　00140-0-20618

ISBN978-4-88621-781-3　C3021